청소년 공동체 바로 세우기

[새 친구반]

청소년공동체 바로세우기 [새친구반]

새로운 만남, 행복한 시작 start(교사용)

초판 1쇄 인쇄 | 2019. 12. 10
초판 1쇄 발행 | 2019. 12. 10
지은이 | 정신일
연구위원 | 천준호 목사(수원화평교회)
송지헌 목사(함께하는교회)
석인욱 목사(남양주우리교회)
펴낸이 | 정신일
펴낸곳 | 크리스천리더
편 집 | 성주희
교 정 | 이지선
일부 총판 | 생명의 말씀사 (02) 3159-7979
등 록 | 제 2-2727호(1999. 9.30)
주 소 | 부천시 원미구 중동 1289번지 팰리스카운티 아이파크상가 3층
전 화 | (032) 342-1979
팩 스 | (032) 343-3567
도서 출간 상담 | E-mail:chmbit@hanmail.net
Homepage | cjesus.co.kr

ISBN : 978-89-6594-290-0 04230
ISBN : 978-89-6594-122-4 (세트)

정가 : 4,800원

[새 친구를 위한 복음 핵심 9주 과정]

청소년 공동체 바로 세우기

새친구반 교재

새로운 만남, 행복한 시작
Start!

교사용 교재

정신일 목사

크리스천리더

[추천사]

현재 이 시대에 가장 시급한 과제가 있다면 다음 세대(next generation)에게 하나님의 말씀을 심는 일입니다. 무엇보다 성경에 기초한 기독교 교리를 청소년 시기에 심는 일은 매우 중요한 과제입니다. 누구나 알고 있는 이 분명한 방향 앞에 말씀을 체계적으로 그리고 쉽고 재미있게 심어주는 일은 결코 쉽지 않습니다.

그런 의미에서 성경을 바탕으로 기독교 교리를 쉽게 가르칠 수 있도록 계발한 이 책은 매우 유용할 것으로 확신합니다. 또한 현장에서 섬기는 청소년 사역자들의 생생한 가르침이 녹아들어 청소년들을 세워나가는 일에 큰 도움이 될 것입니다. 지금 바로 사역의 현장에서 활용할 수 있는 이 책을 모든 청소년 사역자들과 교회학교 중고등부 교사들에게 기꺼이 추천합니다.

황성건 목사 (사/청소년선교횃불 대표, 제자로교회 담임, 국제코스타 강사)

[저자서문]

이 교재는 교회에 처음 나온 아이가 가장 기초적인 믿음의 원리를 알고, 교회에 잘 나오며 적응할 수 있도록 기획된 교재입니다. 사실, 이 새친구반 교재는 가장 먼저 기획되어야 할 책이었지만, 청소년 공동체 바로세우기 모든 교재가 완성되고 1년이 지나서야 내놓게 되었습니다.

이 교재의 목표는 정착이 되어야 합니다. 교회는 새로운 아이들이 자주 나옵니다. 아이들이 잘 정착하기도 하지만 몇 번 나오다 교회를 나오지 않는 친구들도 많습니다.

새로 나온 아이들이 1, 2주 나오다가 더 이상 나오지 않는데는 다양한 이유들이 있는데 그 중 가장 큰 이유는 자신과 통하는 친구가 한 명도 없다는 것이었습니다. 새로 나온 아이가 마음을 터놓고 이야기하고 함께 놀 수 있는 친구가 1명이라도 있다면 거의 70%이상 교회에 잘 정착하게 됩니다. 교회에 처음나온 것 자체가 어색하고 어려운데, 선생님도 학생들도 관심을 가져주지 않는다면 더 이상 교회에 머무를 이유가 없다고 생각할 것입니다. 그래서 교사와 학생회 임원들은 새로 온 친구들에게 다가가 교회에 잘 정착하고 다른 아이들과 자연스럽게 사귐을 갖도록 지도해주어야 합니다.

하지만 아이들이 교회에 잘 정착하도록 만드는 것은 믿음을 심어주는 일입니다. 예수님이 내 인생의 참 주인이심을 알고, 예수님만이 구원자이시며 우리 믿음의 대상이 된다는 확신을 갖는다면 친구가 많지 않아도, 교회가 작고, 다양한 프로그램들이 부족해도 교회를 떠나는 일은 없을 것 입니다.

이 교재는 이처럼 소중한 믿음을 심어주는 가이드가 되어 줄 것입니다. 이 교재로 새로운 아이들이 잘 정착하고, 청소년부가 부흥하는 열매를 맺기를 소망합니다.

이 땅의 모든 청소년들이 주님 품으로! 저자 기쁨의 교회 정신일 목사

새친구 9주 교재 구성과 사용법

[생각하고 나누기]
주제 말씀을 배우기 전에 서로 이야기를 나누고 질문을 생각하며 답을 나누는 시간이다.
본문 말씀의 동기를 부여하는 시간으로 친밀하게 대화하고 관심도를 끌어올리는 것이 중요하다. 시간은 대략 10분 내외가 적당하다.

[성경에 써있네]
성경말씀을 배우는 시간이다. 매 주제마다 적절한 성경말씀이 기록되어 있다. 생각보다 많은 핵심 말씀을 기록하였다.
이 과정은 가장 기초과정이며 우리 인간의 본 모습, 죄 문제, 하나님과 예수님과 성령님에 대해, 교회 생활에 대해 배우게 된다.
하지만 성경의 내용을 지식적이거나 스토리텔링식으로 전달하는 성경공부가 아니라, 믿음생활을 잘하는 아이로 세우는데 모든 역량을 모아 기획하였다. 여기에 기록된 말씀들은 굉장히 중요한 말씀이기 때문에 성경을 암송할 수 있도록 가르치시길 바란다.
시간은 대략 20분 내외가 적당하다.

[즐거운 교회생활]
교회에 잘 적응하기 위해 가장 먼저 알아야 할 것을 정리하여 기록하였다. 교재 매뉴얼대로 설명해주길 바란다. 특별히 [즐거운 교회생활]을 통해 교회의 상황과 실정을 잘 알려주도록 한다. 시간은 대략 10~15분이 적당하다.
새친구반 공부시간은 총 40~45분이 적당하다고 본다. 하지만 교회 실정에 따라 조절하길 바란다.
한정된 시간에서 온전히 잘 가르치기는 쉽지 않을 것이다. 꼭 예배시간이 아니더라도 개별적으로 교회나 다른 장소에서 잠시라도 부족한 부분을 보강하여 가르쳐주자.
분식이나 햄버거 같이 아이들이 좋아하는 것을 한두번 정도는 사주도록 하라. 다른 곳, 다른 장소에서의 만남은 아이들에게 색다른 느낌으로 다가올 것이다.

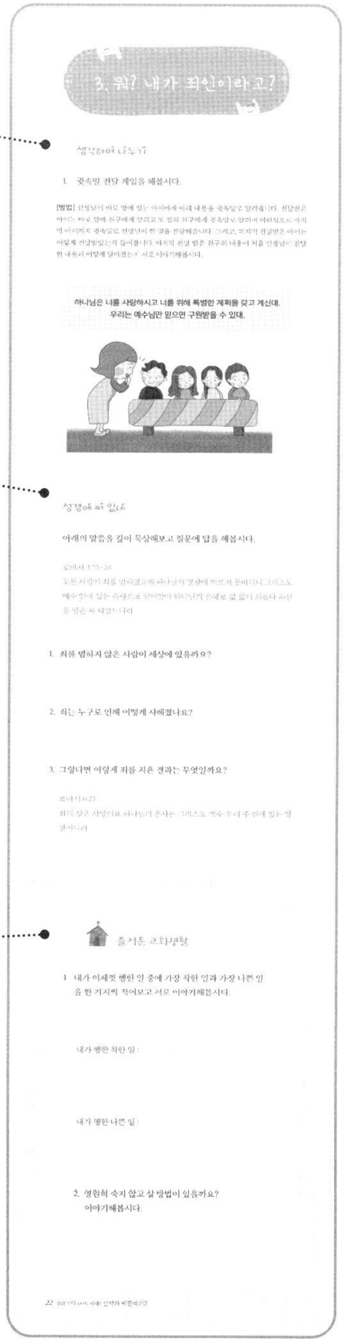
3. 뭐? 내가 죄인이라고?

생각하며 나누기

1. 귓속말 전달 게임을 해봅시다.

하나님은 너를 사랑하시고 너를 위해 특별한 계획을 갖고 계신대.
우리는 예수님만 믿으면 구원받을 수 있대.

성경에 써 있네

아래의 말씀을 깊이 묵상해보고 질문에 답을 해봅시다.

1. 죄를 범하지 않은 사람이 세상에 있을까요?

2. 죄는 누구로 인해 어떻게 사해졌나요?

3. 그렇다면 이렇게 죄를 지은 결과는 무엇일까요?

즐거운 교회생활

1. 내가 이제껏 행한 일 중에 가장 착한 일과 가장 나쁜 일을 한 가지씩 적어보고 서로 이야기해봅시다.

내가 행한 착한 일 :

내가 행한 나쁜 일 :

2. 영원히 죽지 않고 살 방법이 있을까요? 이야기해봅시다.

9주 간의 성경공부, 이런 마음으로 가르치라

첫 째, 항상 관심을 갖고 상냥한 미소를 보이라.

교회에 새로 등록한 성도의 아들, 딸이라면 교회를 임의로 쉽게 떠날 수는 없겠지만 친구따라 온 아이이거나 초청행사 등으로 나온 아이라면 교회에 정착시키기 쉽지 않다.

이들에게 항상 관심을 가지고 늘 밝은 미소를 잃지 말아야 한다. 아이들은 언제고 떠날 수 있음을 알고 잘 정착할 수 있도록 노력해야 한다.

둘 째, 친구들과 좋은 관계를 맺어주기에 힘써야 한다.

친한 친구나 마음이 통하는 사람이 한 사람도 없다면 아이들은 더 이상 교회에 나오지 않을 것이다. 이들은 믿음이 있어서 교회에 나온 것이 아니다.

낯선 교회에 와서 마음에 없는 예배를 드리는 것도 불편하고 힘든데 마음을 터놓고 이야기할 친구조차 없다면 교회에 붙어있을 이유가 없다고 생각할 것이다. 그렇기 때문에 이들이 친구들과 잘 어울릴 수 있도록 관심과 노력을 기울여야 한다. 사람 관계가 맺어지는 것이 중요하다. 사람 관계가 잘 맺어지면 딱딱한 말씀도 조금씩 들리기 시작할 것이다.

셋 째, 9주 동안 성경을 가르치는데 목숨 걸라.

아이들을 잘 가르치는데 집중하라. 아이들은 교회나 교회생활에 대한 것은 대부분 자연스럽게 익힐 것이다. 또한 반드시 알아야 될 것은 9주 간의 교육을 통해 알려주면 된다. 무엇보다 이 교재를 통해 성경말씀을 가르치는데 집중해야 한다.아이가 교화에 나왔다고 해서 그것을 전도된 것이라고 생각해선 안 된다.

시작은 지금부터다. 지금부터 전도한다는 생각으로 가르쳐야 한다. 교재에 담겨진 내용을 100% 알고 이해시키는데 목적을 삼고 혼신의 힘을 다해야 한다.

넷 째, 감동을 주는 이벤트를 기획하라.

아이들이 9주교육으로 잘 정착해서 신앙생활을 하게 된다면 이 9주간의 교육은 평생의 기억될 것이다. 아이들에게 좋은 추억으로 남겨줄 수 있도록 노력해야 한다.

처음 새진구반 교재를 시작할 때 대대적인 응원과 격려로 시작해보자. 또한 9주 교육을 마치면 축하 파티를 열어주는 것이 좋다.

사람은 감정의 동물이며 감성의 동물이기에 이러한 축복을 받는 가운데 마치게 되면 이 기억은 평생에 가장 행복하고 좋은 기억으로 남게 될 것이다.

다섯 째, 많은 이야기를 나누라.

가르침을 위한 가르침이 되지 말아야 한다. 먼저 아이들과 친해지도록 최선을 다하자. 아이들과는 속에 있는 마음을 나눌 정도가 되어야 한다. 그냥 형식적인 멘트나 인사, 안부는 더 좋은 관계로 나아가지 못한다. 그렇기에 아이가 좋아하는 것들을 잘 들어보고 응원과 격려가 있어야 한다.

여섯 째, 무엇보다 영혼을 생각하며 기도하자.

교사는 그 아이의 영혼을 책임지는 자이다. 맡겨진 영혼이 온전히 하나님의 자녀로 세워지기까지 기도의 중보가 반드시 필요하다. 그래서 매주 일정시간을 정해놓고 아이들의 이름을 불러가며 기도해야 한다.

교사는 아이들을 가르치면서 믿음이 성장하게 된다. 기도 없이는 아무것도 되지 않는다는 사실을 명심하자.

마지막으로, 새친구 교재는 반드시 아이에게 돌려주어 평생 소장할 수 있도록 하라.

공과공부를 진행하기 전에, 학생들에게 이 교재를 처음 시작한 한 년도, 일자를 기록하게 한다.

마지막 9과는 입술의 고백을 통해 내가 예수님을 진정한 구주로 영접하는 결단의 시간이 있다. 또한 이 모든 과정이 다 마친 후에는 신앙간증문을 작성하는 시간도 있다.

이 모든 것이 굉장히 중요하고 의미있는 과정이다. 그렇기에 소중한 첫 신앙의 고백, 첫 신앙의 흔적임을 잊지 않고 추억하고 소장하도록 지도 한다.

무엇보다 처음이 중요하다. 새신자 교육을 받는 9주 간의 기간이 아이들에게 열심히 신앙생활을 해야겠다는 훌륭한 동기로 남아야 한다. 그러기 위해서 충실하게 성경공부에 임할 수 있도록 적극적인 관심과 지도가 필요하다.

Contents

1. 어서와, 교회는 처음이지?

생각하며 나누기

1. 나는 어떻게 교회에 나오게 되었나요?
   아래의 상자에 적어보고 서로 이야기해봅시다.

내가 어떻게
교회에 나오게
되었지?

내가 어떻게 교회에 나오게 되었냐면...

....

....

....

....

[알려주세요]

아이들이 교회에 나오게 된 이유를 물어보고, 자세히 듣습니다. 아이들은 주로 친구를 따라 교회에 오게 되지요.

간혹, 스스로 교회를 다니고 싶어 온 아이들도 있고 이성 친구가 맘에 들어 나온 친구들도 있을 것입니다. 또한 친구 초청 행사로 잠시 참여한 친구들도 있습니다. 이처럼 교회에 나오게 된 동기는 다양합니다.

그러나 분명한 것은 다양한 이유로 나오게 되었더라도 교회에 발을 디딘 것은 결코 우연이 아니라는 것입니다. 하나님은 이미 우리를 부르셨음을 알려주세요.

대부분의 아이들은 친구를 통해 교회에 오지만, 그렇지 않은 경우도 많습니다. 그래서 교회에 적응하여 잘 나온다면 문제가 없겠지만, 친구가 없거나 잘 적응하지 못하는 아이가 있다면 교사와 학생회 임원들이 관심있게 다가가야 합니다. 특별히 친하게 사귈 수 있는 친구들을 소개하고 알려주는 것도 중요합니다. 교회에 새로 온 아이에게 친한 친구가 생기지 않는다면 지속적으로 교회에 나오기 어렵기 때문입니다. 반면, 단짝 친구가 생긴다면 그 아이는 결코 교회를 떠나가지 않습니다.

[로마서 8장 28~30절 말씀]

우리가 알거니와 하나님을 사랑하는 자 곧 그의 뜻대로 부르심을 입은 자들에게는 모든 것이 합력하여 선을 이루느니라 하나님이 미리 아신 자들을 또한 그 아들의 형상을 본받게 하기 위하여 미리 정하셨으니 이는 그로 많은 형제 중에서 맏아들이 되게 하려 하심이니라 또 미리 정하신 그들을 또한 부르시고 부르신 그들을 또한 의롭다 하시고 의롭다 하신 그들을 또한 영화롭게 하셨느니라

모든 믿음의 시작은 내가 결심한다고 되는 것이 아니라, 하나님께서 먼저 부르셔서 믿음을 갖게 하신다는 사실을 알려주세요.

내가 결정하고 스스로 교회에 왔다고 판단할 수 있지만, 사실은 하나님께서 먼저 부르셨고 그로인해 우리의 만남이 시작되었습니다.

나를 소개해 봅시다

아래 내용을 채워보고 친구들에게 이야기해봅시다.

1. **나는 어떤 사람입니까?**

   나이 :

   이름 :

   학교/ 학년 :

   성격 :

   취미 :

   장래의 꿈 :

2. **앞으로 나는 어떻게 변해 있을까요?**

   20대 :

   30대 :

   40대 :

   60대 :

   80대 :

   그 이후 :

   그 이후는 어떻게 될까요? 서로 이야기해봅시다.

[알려주세요]

새로 나온 아이들도 교회는 하나님을 믿고 예수님을 믿는 곳임을 알 것입니다. 그렇다면 교회에 와서 새신자반에 왔는데 가장 먼저 무엇을 알아야 할까요? 하나님? 예수님? 예배? 물론 그렇습니다. 모두 알아야 하는 것이지만 그중에서 가장 먼저 알아야 할 것은 바로 '나' 입니다. '나'를 모르면 하나님도, 예수님도, 교회도, 구원도 제대로 알 수 없기 때문입니다.

2번 질문인 '앞으로 나는 어떻게 변해있을까요?'에서 아이들에게 장래 자신의 모습을 나이별로 써보게 합니다. 그리고 자신의 삶에 대해 발표하고 이야기를 들어봅니다. 그후 인간의 기본적인 삶의 모습을 아이들에게 설명해주세요.

태어나고, 공부하고, 취업하고, 승진하고, 혹은 사업을 하고, 결혼하고 자녀를 낳고, 점점 나이가 들어 노화됩니다. 그리고 마지막 인생의 종착지는 결국 죽음이지요. 이런 인생의 모습을 서로 이야기해보고 우리의 마지막 죽음은 영원한 죽음이 아니라는 사실을 알려주세요.

성경에 써 있네

1. 성경은 '나'를 어떻게 말하고 있을까요?

1) 나는 내 앞 일을 알지 못합니다.

너는 내일 일을 자랑하지 말라 하루 동안에 무슨 일이 일어날는지 네가 알 수 없음이니라 (잠 27:1)

2) 나는 죄인입니다.

모든 사람이 죄를 범하였으매 하나님의 영광에 이르지 못하더니 (롬 3:23)

3) 나는 언젠가 죽습니다.

한번 죽는 것은 사람에게 정해진 것이요 그 후에는 심판이 있으리니 (히 9:27)

[알려주세요]

내가 나에 대해 잘 모르고 나의 존재가 불분명하다고 해서 우리 스스로 나를 알 수도, 할 수도 없는 운명적 존재라는 것은 아닙니다.

성경의 말씀대로 나는 하나님께서 창조하셨고 창조하신 후에 심히 좋았다고 하시며 기뻐하셨습니다. 나는 하나님의 제품이 아닌, 세상에 유일무이한 작품입니다. 그것도 최고의 걸작품입니다. 그만큼 나는 소중합니다.

문제는 내가 소중하다는 사실이 죄로 인해 가려졌고 다른 모습으로 부정확하고 불확실한 세상 속에서 살게 되었다는 점입니다.

성경은 모든 사람이 죄를 범하였다고 말씀합니다. 고로 나 역시 죄인입니다. 또한 나는 앞 일을 알지 못합니다. 그리고 나는 언젠가 죽습니다.

그럼 끝일까요? 아닙니다. 영원히 부정확하고 불완전한 모습으로 있는 것이 아니라, 본래의 창조 목적대로 회복될 방법이 있습니다. 그 방법은 오직 예수 그리스도를 믿는 길입니다. 새신자 아이들은 아직 확실한 믿음을 갖기 어렵겠지만 믿음으로 이끌어 주어야 합니다.

아이들에게 나에 대해 설명해주세요. 그리고 왜 예수님을 믿어야 하는지, 예수님을 믿으면 어떻게 되는지, 예수님을 믿기 위해 우리는 어떤 노력을 해야 하는지 다음시간에 배우게 될 것입니다.

즐거운 교회생활

1. 교회에 예배 드리러 갈 때, 무엇이 필요할까요?
   아래의 그림 중 옳은 것에 동그라미를 쳐봅시다.

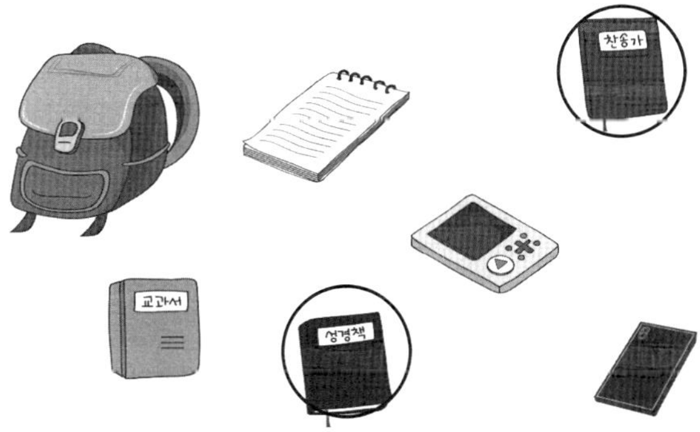

2. 교회에 예배 드리러 갈 때 성경과 찬송책 외에 무엇을 더 챙겨가야 할까요? 아래 박스에 적어보고 서로 이야기해봅시다.

[알려주세요]

예배를 드릴 때 필요한 준비물과 아래의 내용을 새로 나온 친구들에게 설명해주세요. 익숙한 것이라 자주 빼먹을 수 있는 부분이고 교회에 처음 나온 아이들은 모든 것이 낯설고 어려워서 잘 모르는 경우가 많습니다.

준비, 마음가짐

늘 기쁜 마음을 갖습니다. 성경에도 항상 기뻐하라고 기록되어 있습니다. 또한 성경책과 찬송책, 하나님께 드릴 헌금, 공과공부 교재 등을 잘 챙겨옵니다. 하나님의 말씀이 기록된 성경책, 하나님을 찬양하는 가사와 곡조로 기록된 찬송책은 예배 드리기 위해 꼭 필요합니다.

공과(성경)공부를 통해 선생님이 과제를 주셨다면 성실하게 과제를 하고, 공과를 미리 예습해보는 것도 좋습니다.

예배를 드림의 기본

예배 시간은 반드시 지킵니다. 집에서 조금 일찍 나와 친구들과 나눔을 가져도 좋고 먼저 기도하는 습관도 필요합니다. 또한 예배 시작 전에 휴대폰 전원은 반드시 끄고 말씀에 집중하기 위해서는 앞자리에 앉는 것이 좋습니다.

예배 중에는 잡담이나 다른 생각을 하지 말고, 예배 순서에 맞춰 행동합니다. 특별히 설교하시는 목사님(전도사님) 말씀에 집중하고 미리 설교 본문을 찾아 읽어봅니다. 예배는 목사님의 축도나 주기도문으로 마치게 됩니다. 그때까지 경건되게 예배를 드립니다.

주보

주보는 대부분 교회 예배실에 매주 비치되어 있습니다. 예배시간에 한장씩 가지고 좌석에 앉아 예배를 준비하면 됩니다. 주보는 예배 드리는 순서와 광고 등이 기록되어 있습니다. 요즘에는 주보를 만들지 않고 예배순서를 프로

젝트를 통해 화면에 띄워 안내하는 교회도 많습니다.

주보가 있는 교회라면 주보의 예배순서를 꼼꼼히 설명해주시고 그 의미도 알려주세요. 예배 때 한 부씩 받아 예배드립니다.

헌금

헌금시간에 드려야 할 예물로 미리 정성껏 준비합니다. 헌금은 강제로, 반드시 드려야 하는 것은 아닙니다.

예배 후 공과 공부 교재

예배는 하나님께 드리는 경건된 제사라고 한다면, 예배 후 성경공부는 더욱 말씀을 알고 하나님을 알아가기 위한 과정입니다. 말씀을 열심히 배우면 우리 믿음도 그만큼 성장할 것입니다.

2. 나는 나에 대해서 얼마나 알까?

생각하며 나누기

1. 나는 나에 대해서 얼마나 잘 알고 있습니까?

내가 나에 대해서 아는 것 :

내가 나에 대해서 전혀 알 수 없는 것 :

[알려주세요]

나는 나에 대해서 많이 알고 있다고 생각합니다. 그런데 조금만 더 깊게 생각해보면 사실 나에 대해서 제대로 아는 것이 별로 없습니다.

내가 무엇을 계획하고, 실천하고, 노력하는지 어느정도는 알 수 있습니다. 또한 내 성격이 어떤지, 어떤 부분에서 약한지, 어떤 단점이 있는지도 어느정도는 알 수 있습니다. 하지만 내가 살아가는 모든 이유와 법칙까지는 알 수 없습니다. 예를 들어, 나는 내 속의 모든 내장기관에 대해 잘 알지 못합니다.

내 것임에도 불구하고 왜 심장은 이제껏 한번도 멈춘 적이 없는지, 밥을 먹으면 어떤 과정을 거쳐 배변이 되고 배출되는지 모르고 어떤 순서로 처리되는지도 모릅니다.

또한 내가 당장 몇 시간 후에 어떤 일을 어떻게 할지 판단하지도 못합니다. 왜 늙어가는지, 또한 언제 죽을지, 왜 죽는지도 알지 못합니다. 우리는 내 자신조차 잘 알지 못하는 존재라는 사실을 알려주세요.

성경에 써 있네

성경에서는 우리 인생을 어떻게 말하고 있을까요?
아래 말씀을 깊이 묵상하며 질문에 답해보고 ____칸에는 알맞은 단어를 채워봅시다.

1. 우리 인생과 들의 꽃에 어떤 유사성이 있다고 생각하십니까?

시편 103:15

인생은 그 날이 풀과 같으며 그 영화가 들의 꽃과 같도다

정답 : 자라고, 활짝 피고, 시들해지고 마침내 죽는다.

2. **세상 가운데 살고 있어도 늘 죽음의 위협을 받고 있습니다.**

잠언 27:1
너는 내일 일을 자랑하지 말라 하루 동안에 무슨 일이 일어날는지 네가 알 수 없음이니라

3. **내 주변에 혹시 갑자기 사고를 당하거나, 병으로 인해 갑자기 죽은 사람이 있습니까? 서로 이야기해봅시다.**

4. **상상해봅시다. 죽은 이후에 우리는 영원히 없어질까요? 아니면 다른 어떤 일이 생기는 걸까요? 성경은 어떻게 말하고 있나요?**

히브리서 9:27
한번 죽는 것은 사람에게 정해진 것이요 그 후에는 심판이 있으리니

[알려주세요]

성경은 우리 인생을 어떻게 표현하고 있는지, 또한 한 치 앞도 내다볼 수 없는 것이 우리 인생이라는 사실을 아이들에게 알려주세요.

한 번 죽는 것은 아담의 타락 이후 인간에게 내려진 징벌이고, 죽음 이후에는 심판이 있습니다. 죽을 수 밖에 없고, 지옥에 갈 수 밖에 없는 우리 인생은 구원받을 수 없는 사망에 이르게 되었습니다. 하지만 하나님께서 우리 인생

들에게 기회를 주셨습니다. 그래서 하나님은 먼저 우리를 부르셨습니다.

5. 우리 가 먼저 하나님께 나아온 것이 아니라, 하나님이 먼저 우리 를 부르셨습니다.

에베소서 4:4
몸이 하나요 성령도 한 분이시니 이와 같이 너희가 부르심의 한 소망 안에서 부르심을 받았느니라

6. 하나님은 자유로운 선택의 기회 를 주셨습니다.

요한계시록 3:10
볼지어다 내가 문 밖에 서서 두드리노니 누구든지 내 음성을 듣고 문을 열면 내가 그에게로 들어가 그와 더불어 먹고 그는 나와 더불어 먹으리라

[알려주세요]

하나님은 구원에 있어서 먼저 문을 여시기보다, 우리가 문을 열고 나오기를 원하십니다. 내가 자발적으로 나온 것 같지만 사실은 하나님께서 먼저 우리를 부르셨다는 사실을 알려주세요.

예수님께서 말씀하신 천국 잔치의 비유를 예를 들어 설명해 주세요(마태복음 22장 1~14절, 누가복음 14장 13~23). 하나님은 이처럼 구원의 잔치를 베풀고 초청하십니다.

즐거운 교회생활

1. 교회에서 무엇을 해야 하나요?

1) 하나님께 정성껏 예배 드려야 합니다.

요한복음 4장 24절을 찾아 정성껏 필사해봅시다.

하나님은 영이시니 예배하는 자가

영과 진리로 예배할지니라

2) 친구들과 아름다운 교제와 나눔을 가져야 합니다.

사도행전 2장 42절
그들이 사도의 가르침을 받아 서로 교제하고 떡을 떼며 오로지
기도하기를 힘쓰니라

[알려주세요]

1) 교회에서 무엇을 해야 하나요?

교회는 하나님께 정성껏 예배를 드리는 곳입니다. 아래의 성경말씀은 오직 예배의 대상이 누구이며, 어떻게 예배를 드려야 할 지 알 수 있습니다.

이사야 44장 6절
이스라엘의 왕인 여호와, 이스라엘의 구원자인 만군의 여호와가 이같이 말하노라 나는 처음이요 나는 마지막이라 나 외에 다른 신이 없느니라

요한복음 4장 24절
하나님은 영이시니 예배하는 자가 영과 진리로 예배할지니라

에베소서 5장 19~20절
시와 찬송과 신령한 노래들로 서로 화답하며 너희의 마음으로 주께 노래하며 찬송하며 범사에 우리 주 예수 그리스도의 이름으로 항상 아버지 하나님께 감사하며

2) 친구들과 아름다운 교제와 나눔을 가져야 합니다.

그들이 사도의 가르침을 받아 서로 교제하고 떡을 떼며 오로지 기도하기를 힘쓰니라 (행 2:42)

[알려주세요]

교회에 나오는 이유는 무엇보다 하나님께 정성껏 예배드리기 위함입니다. 또한 함께 예배드리는 공동체인 청소년부 모임에 적극 참여하고 친구들과도

아름다운 교제와 나눔이 있어야 합니다.

초대교회 때, 성도들은 매일 모이기를 힘썼고 예배와 성찬예식을 행하였습니다. 그리고 함께 어울려 교제하며 식사도 나누었습니다.

또한 함께 모여 열심히 기도하였습니다. 교회는 여러 믿음의 친구들이 함께 예배드리고 교제하는 공간입니다. 성경은 하나님이 예배자를 찾으신다고 기록하고 있습니다.

새신자 아이들에게 교회에 빠지지 않고 나오는 것이 가장 중요하다는 사실을 알려주세요. 교회에 열심히 나와야 어색함도 없어지고, 말씀을 통해 믿음이 성장하기 때문입니다.

요한복음 4장 23절 말씀에,

아버지께 참되게 예배하는 자들은 영과 진리로 예배할 때가 오나니 곧 이 때라 아버지께서는 자기에게 이렇게 예배하는 자들을 찾으시느니라 (요 4:23)

특별히 주일을 지켜 예배드리는 것을 주일성수라고 합니다.

이는 하나님께서 안식일을 지키라 명하신 일입니다.

신명기 5장 13~14절 말씀을 보면,

엿새 동안은 힘써 네 모든 일을 행할 것이나 일곱째 날은 네 하나님 여호와의 안식일인즉 너나 네 아들이나 네 딸이나 네 남종이나 네 여종이나 네 소나 네 나귀나 네 모든 가축이나 네 문 안에 유하는 객이라도 아무 일도 하지 못하게 하고 네 남종이나 네 여종에게 너 같이 안식하게 할지니라 (신 5:13~14)

그래서, 주일에 빠지지 않고 주일성수하는 일은 굉장히 중요한 일입니다. 이 사실을 잘 설명해주세요.

즐거운 교회생활

2. 우리 교회의 예배순서에 대해 궁금한 사항이 있나요?
예배순서로 나온 것이 무엇인지 잘 들어봅시다.

1. 송영송
2. 찬양
3. 사도신경
4. 대표기도
5. 찬양대 찬양, 특송
6. 말씀본문
7. 설교
8. 봉헌(헌금)시간
9. 광고시간
10. 축도(혹은 주기도문)
11. 공과시간

[알려주세요]

2. 우리 교회의 예배순서에 대해 궁금한 사항이 있나요?
예배순서로 나온 것이 무엇인지 잘 들어봅시다.

1. 송영송

하나님의 영광을 높이는 찬양입니다.

2. 찬양(찬송, 혹은 ccm)

예배순서 중에 부르는 찬양으로, 찬송가를 부는 경우도 있고, 기독교 대중음악이라 할수 있는 ccm을 부르기도 합니다. 혹은 교회에 따라 찬양시간을 따로 드리고 이후에 본 예배를 드리기도 합니다.

3. 사도신경

예수님의 열두 제자들인 사도들이 고백한 신앙고백문입니다.

4. 대표기도

온전히 하나님께 드려지는 예배가 되도록 매주 대표자가 나와 드리는 공적인 기도를 말합니다.

5. 찬양대 찬양, 특송

주로 학생부 찬양대가 매주 준비하지만, 경우에 따라 특별찬양의 순서를 넣기도 합니다.

6. 말씀본문

목사님(전도사님)께서 설교하실 내용의 본문 성경말씀을 말합니다.

7. 설교

본문말씀을 쉽게 풀어서 말씀을 전합니다.

8. 봉헌(헌금)시간

하나님께 헌금드리는 시간을 말합니다.

9. 광고시간

중고등부가 어떤 계획이 있는지, 또한 여러가지 추진하고 있는 행사들이 어떻게 진행되고 있는지, 친구들의 소식 등 한 주간 알려 줄 내용을 광고 담당자가 나와 알려줍니다.

10. 축도(혹은 주기도문)

목사님이 담당 교역자이면 축도를 드림으로 예배가 마무리 되고, 전도사님이면 아직 축도권이 없어 주기도문으로 마치게 됩니다.

11. 공과시간

예배 후, 각 반에서 자유롭게 드려지는 성경공부 시간입니다.

3. 뭐? 내가 죄인이라고?

생각하며 나누기

1. 귓속말 전달 게임을 해봅시다.

[방법] 선생님이 바로 옆에 있는 아이에게 아래 내용을 귓속말로 알려줍니다. 전달받은 아이는 바로 옆에 친구에게 알리고 또 옆의 친구에게 귓속말로 알리며 이런식으로 마지막 아이까지 귓속말로 선생님이 한 말을 전달해줍니다. 그리고 마지막 전달받은 아이는 어떻게 전달받았는지 들어봅니다. 마지막 전달 받은 친구의 내용이 처음 선생님이 전달한 내용과 어떻게 달라졌는지 서로 이야기해봅시다.

하나님은 너를 사랑하시고 너를 위해 특별한 계획을 갖고 계신대.
우리는 예수님만 믿으면 구원받을 수 있대.

[알려주세요]

처음에 선생님이 전달한 메시지와 마지막 아이가 전달받은 메시지는 차이가 있을 것입니다. 대부분은 선생님이 전한 말이 마지막까지 제대로 전달되지 않지요. 선생님께서 하신 말씀을 다음 사람에게 전할 때 조금씩 달라져서 나중에는 완전히 다른 말이 되버리는 경우가 많습니다. 이런 귓속말을 해봄으로써 죄의 속성이 이와 같다는 사실을 아이들에게 알려주세요.

죄로 인해 우리는 하나님의 말씀을 제대로 알지 못하게 되었고 이해하지 못하게 되었다는 것입니다.

타락하기 전, 에덴동산에서 하나님은 우리에게 직접 말씀하셨습니다. 그리고 우리는 하나님께서 하신 말씀을 다 이해하고 그 말씀에 순종하였습니다.

하지만 아담과 하와가 선악과를 따먹음으로 죄가 들어왔고, 죄로 인해 우리는 하나님의 말씀이 제대로 들리지 않게 되었습니다.

하나님과 우리 사이에 죄로 인한 간격이 생겼기 때문입니다. 죄의 유전을 받은 우리는 하나님께서 원하시는 것을 제대로 알지 못하게 되었고 그로인해 우리는 더 많은 죄를 짓고 타락하게 되었습니다.

하지만 하나님께서는 우리를 사랑하셨기에 죄와 사망에서 죽을 수 밖에 없는 우리 죄를 사해주시고 구원해주실 길을 만드셨습니다. 바로 구세주로 예수님을 보내주시는 계획이었습니다. 예수님은 하나님과 인간 사이에 막힌 담을 허시고 하나님께 담대히 나갈 길을 열어주셨습니다. 그래서 우리는 예수님만 믿으면 구원받을 수 있습니다.

또한 하나님은 우리에게 직접 계시의 말씀을 주셨습니다. 그 말씀이 바로 성경 말씀입니다. 우리는 성경 말씀을 통해 하나님이 누구시고, 어떤 성품을 가지신 분이고, 우리에게 원하시는 것이 무엇인지 확실히 알고 이해할 수 있게 되었습니다. 또한 직접적으로 구원을 받는 길도 제시하고 있습니다. 그래서 우리는 성경 말씀을 믿고 배우며 말씀대로 사는 노력을 해야 합니다. 이런 사실을 새신자 아이들에게 쉽게 설명해주세요.

성경에 써 있네

아래의 말씀을 깊이 묵상해보고 질문에 답을 해봅시다.

로마서 3:23~24
모든 사람이 죄를 범하였으매 하나님의 영광에 이르지 못하더니 그리스도 예수 안에 있는 속량으로 말미암아 하나님의 은혜로 값 없이 의롭다 하심을 얻은 자 되었느니라

1. 죄를 범하지 않은 사람이 세상에 있을까요?

   정답 : 없다. (모든 사람이 죄를 범하였다)

2. 죄는 누구로 인해 어떻게 사해졌나요?
   정답 : 예수 안에 있는 속량으로, 하나님의 은혜로 값없이 사해졌다.

[알려주세요]

인류 역사의 시작은 죄의 역사입니다. 세상엔 서로 죽이고 죽는 전쟁이나 폭동 테러가 끊이지 않고 일어났습니다. 어떤 이유든 사람을 해하고 죽이는 일은 용서받을 수 없는 죄입니다.

세계역사를 논하지 않더라도 우리는 모두 마음속에 선함과 악함이 공존해 있습니다. 인간이 얼마나 죄에 물들어있고 죄에 무기력한지는 TV나 인터넷 메스컴을 통해 알 수 있습니다. 자신의 이익 때문에 살인하고 상해나 강도짓

을 하고 자신의 만족을 채우기 위한 성범죄나 사기와 같은 일들이 비일비재합니다.

이처럼 인간은 추악한 악의 본성을 갖고 있습니다. 이런 모습은 처음 하나님께서 창조하신 그때의 모습이 아닙니다. 아담이 하나님이 금한 선악과를 따먹고, 하나님께 불순종하고 사단의 종이 되어 지금까지 죄의 사슬에 갇혀 타락했고 변질된 모습이 참혹한 인간의 모습입니다.

로마서 5:12

그러므로 한 사람으로 말미암아 죄가 세상에 들어오고 죄로 말미암아 사망이 들어왔나니 이와 같이 모든 사람이 죄를 지었으므로 사망이 모든 사람에게 이르렀느니라

이런 죄의 모습에서 탈피하여 본래의 모습으로 회복되는 길은 오직 예수님을 만나는 것입니다. 예수님을 통해 이런 지의 근원적인 사함을 얻게 되고 궁극적인 구원함을 얻을 수 있습니다.

3. 그렇다면 이렇게 죄를 지은 결과는 무엇일까요?

정답 : 죄의 결과는 사망이다.

로마서 6:23

죄의 삯은 사망이요 하나님의 은사는 그리스도 예수 우리 주 안에 있는 영생이니라

다음 성경구절을 읽고 물음에 답을 해봅시다.

요한 1서 1장 7~9절

그가 빛 가운데 계신 것 같이 우리도 빛 가운데 행하면 우리가 서로 사귐이 있고 그 아들 예수의 피가 우리를 모든 죄에서 깨끗하게 하실 것이요 만일 우리가 죄가 없다고 말하면 스스로 속이고 또 진리가 우리 속에 있지 아니할 것이요 만일 우리가 우리 죄를 자백하면 그는 미쁘시고 의로우사 우리 죄를 사하시며 우리를 모든 불의에서 깨끗하게 하실 것이요

1. 우리를 모든 죄에서 깨끗하게 하실 분은 누구신가요?

   정답 : 예수님(그 아들 예수의 피)

2. 우리가 우리 죄를 자백하면 어떻게 되나요?

   정답 : 우리 죄를 사하시며 모든 불의에서 깨끗케 하신다.

3. 예수님을 믿으면 어떻게 되나요?

   정답 : 영생을 얻고 심판에 이르지 않게 된다.

요한복음 5:24

내가 진실로 진실로 너희에게 이르노니 내 말을 듣고 또 나 보내신 이를 믿는 자는 영생을 얻었고 심판에 이르지 아니하나니 사망에서 생명으로 옮겼느니라

[알려주세요]

이 질문에서 아이들에게 죄에 대한 모든 것을 잘 인식시켜 주시기 바랍니다. 세상에 죄를 범하지 않은 사람은 없습니다. 또한 죄는 유전되어 여전히 악의 씨앗으로 우리에게 남아있습니다.

에덴동산에서 쫓겨난 이후, 사람은 죄로 인해 더욱 타락의 길을 걷게 되었습니다. 그리고 죄를 짓는 우리 인생은 결국 사망과 죽음으로 치닫게 되었습니다. 하지만 하나님은 우리 인류를 구원하시기 위해 그의 독생자 예수 그리스도를 세상에 보내셔서 모든 죄 문제를 해결하시고 영생의 길을 여셨습니다.

즐거운 교회생활

1. 내가 이제껏 행한 일 중에 가장 착한 일과 가장 나쁜 일을 한 가지씩 적어보고 서로 이야기해봅시다.

내가 행한 착한 일 :

내가 행한 나쁜 일 :

2. 영원히 죽지 않고 살 방법이 있을까요?
이야기해봅시다.

[알려주세요]

1. 내가 이제껏 행한 일 중에 가장 착한 일과 가장 나쁜 일을 한 가지씩 적어보고 서로 이야기해봅시다.

사람은 누구나 착한 마음이 있습니다. 불쌍하고 어려워서 힘들어하는 사람 보면 돕고 싶어 합니다. 그런데 우리 마음엔 또한 악한 마음이 있습니다. 누군가를 미워하고 시기하고 질투하기도 하고, 자기의 유익을 위해 거짓말을 하기도 합니다. 더 나아가 불의한 일을 저지르거나 살인, 강도 같은 흉악한 사건들을 일으키기도 합니다.

착한 행동과 나쁜 행동을 한 가지씩 물어보되, 세상 모든 사람은 누구나 예외없이 이런 선한 본성과 악한 본성이 있다고 알려주세요.

우리는 본래 하나님의 성품대로 창조된 자들이기에 선한 행동을 하도록 노력해야 하고, 악한 마음이나 행동은 하지 않도록 최대한 노력해야 합니다.

특별히 아이들에게 이런 악한 본성은 처음 우리가 창조되었던 그때부터 있었던 것이 아니라는 사실을 알려주세요.

2. 영원히 죽지 않고 살 방법이 있을까요? 이야기해봅시다.

우리는 누구나 죽게 되지만, 혹시 죽지 않고 살 방법을 알고 있다면 서로 이야기해보자고 말합니다. 그후 아무리 이야기를 나누어도 사람을 죽음에서 돌이킬 방법은 없음을 알려주세요.

4. 예수님, 어떻게 믿어야 하나요?

생각하고 나누기

1. 내가 가장 믿을만한 친구의 이름을 적어보고 왜 그런지 이야기해 봅시다.

   1) 가장 믿을 만한 친구 이름:

   2) 이유:

[알려주세요]

믿을만한 친구는 어떤 친구입니까? 거짓이 없는 친구입니다. 늘 거짓말을 하고 약속을 어기고 싸우려고만 한다면 믿을만한 친구가 될 수 없을 것입니다. 그래서 친구를 믿는 것입니다. 우리 믿음도 그와 비슷합니다.

예수님을 믿는 이유는 거짓이 없기 때문입니다. 늘 진실함으로 우리를 이끌어주십니다. 예수님은 우리의 가장 좋은 친구와 같은 분임을 알려주세요.

성경에 써 있네

아래의 성경 말씀을 읽어보고 질문에 답을 해봅시다.

1. 예수님은 왜 이 땅에 오셨나요?

정답: 죄인을 불러 회개시키러 오셨다. 섬기시러 오셨다.

빌립보서 2:6~8
그는 근본 하나님의 본체시나 하나님과 동등됨을 취할 것으로 여기지 아니하시고 오히려 자기를 비워 종의 형체를 가지사 사람들과 같이 되셨고 사람의 모양으로 나타나사 자기를 낮추시고 죽기까지 복종하셨으니 곧 십자가에 죽으심이라

누가복음 5:32
내가 의인을 부르러 온 것이 아니요 죄인을 불러 회개시키러 왔노라

마태복음 20:28

인자가 온 것은 섬김을 받으려 함이 아니라 도리어 섬기려 하고 자기 목숨을 많은 사람의 대속물로 주려 함이니라

[알려주세요]

진정한 역사의 주인공은 예수님이십니다. 보통 역사를 나눌때 A.D와 B.C로 구분합니다. A.D는 라틴어로 Anno Domini (Year of Our Lord) 로 '그리스도의 해'라는 뜻입니다. 예수 그리스도가 탄생하신 기점으로 서기 1년으로 쓰고 있습니다(실제로 예수님은 서기 3~4년경에 탄생하신 것으로 알려져 있다.).

B.C는 영어로 '그리스도 이전'을 뜻하는 '비포 크라이스트'(before Christ)의 약칭입니다. 다시말해 예수 그리스도가 탄생하기 이전을 뜻하는 말로 기원전의 의미입니다. 또한 역사는 영어로 'history'라고 합니다.

여기서 his=he이고, story는 이야기입니다. 즉 역사란 그의 이야기입니다. 여기서 he는 바로 예수 그리스도를 뜻합니다. 이처럼 인류 역사의 중심은 예수 그리스도이십니다.

2. **예수님을 믿으면 어떤 일이 생깁니까?**
   아래 성경말씀을 읽어보고, 네모박스 안에 있는 단어를 사용하여 괄호를 채워봅시다.

[보기]

정죄	죄사함	해방	멸망	죽음	자녀	구원

예수님을 믿으면 (죄사함)을 받고, (구원)을 받습니다.

로마서 8:1~2

그러므로 이제 그리스도 예수 안에 있는 자에게는 결코 정죄함이 없나니 이는 그리스도 예수 안에 있는 생명의 성령의 법이 죄와 사망의 법에서 너를 해방하였음이라

요한일서 4:9

하나님의 사랑이 우리에게 이렇게 나타난 바 되었으니 하나님이 자기의 독생자를 세상에 보내심은 그로 말미암아 우리를 살리려 하심이라

요한복음 3:16

하나님이 세상을 이처럼 사랑하사 독생자를 주셨으니 이는 그를 믿는 자마다 멸망하지 않고 영생을 얻게 하려 하심이라

요한복음 1:2

영접하는 자 곧 그 이름을 믿는 자들에게는 하나님의 자녀가 되는 권세를 주셨으니

로마서 10:9

네가 만일 네 입으로 예수를 주로 시인하며 또 하나님께서 그를 죽은 자 가운데서 살리신 것을 네 마음에 믿으면 구원을 받으리라

3. 아래의 예수님에 대한 성경 말씀을 찾아 (   )를 채워봅시다.

[빌립보서 2장 5~11절]

5. 너희 안에 이 마음을 품으라 곧 그리스도 (예수)의 마음이
니 6. 그는 근본 (하나님)의 본체시나 하나님과 동등됨을 취
할 것으로 여기지 아니하시고
7. 오히려 자기를 비워 (종)의 형체를 가지사 사람들과 같이
되셨고
8. (사람)의 모양으로 나타나사 자기를 낮추시고 죽기까지 복
종하셨으니 곧 (십자가)에 죽으심이라 9. 이러므로 하나님이
그를 지극히 높여 모든 이름 위에 뛰어난 이름을 주사
10. 하늘에 있는 자들과 땅에 있는 자들과 땅 아래에 있는 자
들로 모든 무릎을 예수의 이름에 꿇게 하시고
11. 모든 입으로 예수 그리스도를 (주)라 시인하여 하나님 아
버지께 영광을 돌리게 하셨느니라

[알려주세요]

학생들에게 예수님께서 왜 세상에 오셨는지, 나와는 어떤 관계가 있는지, 예수님을 믿음으로 어떤 일들이 생기는지 잘 알려주시기 바랍니다.

예수님께서 이 땅에 오신 이유는 죄 많은 우리 인생들을 구원하시기 위함입니다. 예수님은 근본 하나님의 본체되십니다(빌 2:6~8).

하지만 사람의 형상을 입고 오셔서 우리 죄사함을 위해 하나님의 희생제물로 십자가에 달려 죽으셨습니다. 이는 죄에 대해 죽었다는 의미가 있고, 부활하심으로 죄와 사망의 권세에서 승리하신 의미가 담겨있습니다. 예수님은 죽을 수밖에 없는 우리 인생들을 살게 하셨고, 구원의 길로 나갈 담력을 주셨습니다. 그래서 예수님을 믿으면 죄사함을 받고 영생을 얻게 됩니다.

예수님 그리스도(Jesus Christ) 이름의 뜻

먼저, 예수님의 이름은 '자기 백성을 저희 죄에서 구원하신다'는 뜻을 가지고 있습니다. 또한 그리스도(Christ)는 특정한 개인이 이름이 아니라, '기름부음을 받은 자'라는 뜻입니다.

그리스도(Christ)는 구약시대 메시야와 같은 말입니다. 메시야는 구약시대에 왕과 선지자와 제사장에게 기름을 붓는 의식을 뜻합니다. 당시에 메시야는 직분적 의미가 있었지만, 이사야 선지자의 예언에 나와 있듯, 장차 우리를 구원하실 분으로 기록되어 있습니다. 그래서 예수 그리스도(Jesus Christ)에는 우리의 구원자 예수님이란 뜻이 담겨 있습니다.

하나님이 세상을 이처럼 사랑하사 독생자를 주셨으니 이는 그를 믿는 자마다 멸망하지 않고 영생을 얻게 하려 하심이라 (요 3:16)

기독교는 한 마디로 예수님을 믿는 종교입니다.
예수님에 대한 설명은 정확히 알려주어야 합니다.

즐거운 교회생활

교회도 학교나 학원처럼 친구들과 함께 하는 공동체 모임입니다. 그렇다면 교회생활은 어떻게 해야 할까요?

1. 교회 에 열심히 나오세요.

신명기 5:13~14
엿새 동안은 힘써 네 모든 일을 행할 것이나 일곱째 날은 네 하나님 여호와의 안식일인즉 너나 네 아들이나 네 딸이나 네 남종이나 네 여종이나 네 소나 네 나귀나 네 모든 가축이나 네 문 안에 유하는 객이라도 아무 일도 하지 못하게 하고 네 남종이나 네 여종에게 너 같이 안식하게 할지니라

2. 성경말씀 을 꼭 읽으세요.

디모데후서 3:16~17
모든 성경은 하나님의 감동으로 된 것으로 교훈과 책망과 바르게 함과 의로 교육하기에 유익하니 는 하나님의 사람으로 온전하게 하며 모든 선한 일을 행할 능력을 갖추게 하려 함이라

즐거운 교회생활

3. 항상 기뻐 하고, 늘 기도 하고, 언제나 감사 하세요.

데살로니가전서 5:16~18
항상 기뻐하라 쉬지 말고 기도하라 범사에 감사하라 이것이 그리스도 예수 안에서 너희를 향하신 하나님의 뜻이니라

4. 친구 를 교회로 초청하세요(복음을 전하라.).

마태복음 28:19~20
그러므로 너희는 가서 모든 민족을 제자로 삼아 아버지와 아들과 성령의 이름으로 세례를 베풀고 내가 너희에게 분부한 모든 것을 가르쳐 지키게 하라 볼지어다 내가 세상 끝날까지 너희와 항상 함께 있으리라 하시니라

[알려주세요]

새로나온 아이들에게 위의 네가지를 꼭 알려주세요.

먼저 교회는 열심히 나와야 합니다. 구약시대부터 하나님의 날을 기억하며 지켜왔듯 지금도 그 의미는 변함이 없습니다.

성경말씀을 꼭 읽도록 이야기 하시고, 읽어야할 부분을 특별히 설명해주시는것도 좋습니다. 말씀은 우리 믿음을 더욱더 뿌리내리게 합니다.

셋째, 늘 기뻐하고, 기도하고, 감사해야 합니다.

신앙생활은 단지 교회만 열심히 나온다고 되는게 아니고, 믿는자로서의 실천과 행동이 뒤따라야 함을 알려주세요. 또한 친구들을 전도하고 교회로 초청할수 있도록 알려주세요. 교회의 궁극적인 사명은 복음전파에 있습니다.

5. 나와 하나님은 어떤 관계였나요?

생각하며 나누기

마블영화 좋아하나요?

분명한 것은 어벤져스가 세상을 구할 수 있을진 모르겠지만, 우리 영생을 책임지지는 못합니다.

1. 인공지능(A.I)과 하나님(절대자)과 인간(피조물)은 어떤 차이가 있다고 생각하십니까?

인공지능 :

인간 :

하나님 :

[알려주세요]

인공지능[artificial intelligence 人工知能]이란 인간의 지능으로 할 수 있는 사고, 학습, 자기 개발 등을 컴퓨터가 할 수 있도록 하는 방법을 연구하는 컴퓨터 공학 및 정보기술의 한 분야라고 합니다.

다양한 자료를 분석, 처리, 도출해내는 기술이라 볼 수 있습니다. 인공지능은 자동번역, 컴퓨터와 정보 공유 등의 자연 언어 처리(natural language processing)능력이 있고, 전문가 시스템(expert system) 분야에서는 컴퓨터가 현재 인간이 하고 있는 여러가지 전문적인 작업들(의사의 진단, 광물의 매장량 평가, 화합물의 구조 추정, 손해 배상 보험료의 판정 등)을 대신할 수 있도록 합니다.

또한 TV, 카메라를 통해 잡은 영상을 분석하여 그것이 무엇인지를 알아내거나 사람의 목소리를 듣고 그것을 문장으로 변환하는 일, 영상 및 음성 인식, 문자 인식, 로봇 공학 등에 핵심적인 기술이라 합니다.

또한 이론을 증명(theorem proving)하기도 합니다. 수학적인 정리를 이미 알려진 사실로부터 논리적으로 추론하여 증명하는 과정으로서 인공지능의 여러 분야에서 사용되는 필수적인 기술이며, 그 자체로도 많은 가치를 지니고 있습니다. 또한 최근에는 신경망(neural net)을 통해 단순 수학적 논리학이 아닌, 인간의 두뇌를 모방하여 수많은 간단한 처리기들의 네트워크로 구성된 신경망 구조를 상정하는 일을 감당합니다.

몇 년 전, 인공지능 알파고와 바둑기사 이세돌의 대국 대결이 있었습니다. 그때 이세돌 기사는 딱 한 번 이겼지만, 지금은 세계 최고의 바둑기사도 알파고를 이겨보지 못했습니다. 사람이 만든 로봇과의 대결, 상상하지도 못했던 일이 현실로 이루어졌습니다. 이를 통해 많은 사람들이 인간의 한계에 대해 깨닫기도 하고 인간의 영역을 뛰어넘는 그 무언가를 간절히 의지하려고 하기도 했습니다.

먼저 인공지능은 컴퓨터 기술 발달로 인해 다양한 정보를 수집, 분석해서 가장 가까운 확률의 답을 제시할 뿐입니다.

예를 들어 1+1=2 이라는 정확한 수학 원리를 계산하거나, 로또 당첨 확률의 숫자를 수많은 데이타를 통해 분석합니다.

그렇다면 창의력이 있을 수 있을까요? 없습니다. 기사에 보면 인공지능이 글도 쓰고, 그림도 그리고 작곡까지 합니다. 하지만 그것은 창의적인 표현이 아니라, 창의적인 인간의 창조 산물들 중에 가장 창의적이라는 통계를 계산하여 제시한 확률적 답일 뿐입니다.

또한, 인공지능은 질서와 균형까지 컨트롤하지 못하며 인공지능의 진화는 입력 환경에 의해 진화됩니다. 다시말해, 인간의 자료 데이터 입력을 통해 진화하는 것입니다.

반면, 하나님은 가장 독창적으로 질서와 균형을 맞추시며 창의적인 세계를 만드십니다. 인공지능의 컨트롤러는 인간입니다. 인간이 통제하며 인간이 데이티나 체계화된 지식을 학습시키면서 진화시킵니다. 하지만 하나님은 스스로 통제하십니다.

인공지능은 인간의 기술문명에 의해 탄생되었습니다. 엄격히 말해 무생물이지만, 인간과 마찬가지로 인간에 의해 개발된 발명품이지, 결코 창조물이라 볼 수 없습니다. 하지만 하나님은 근원적 존재자이십니다. 스스로 존재하시는 자존자이십니다.

모세에게 소명을 주실 때, 모세가 너를 보낸자가 누구냐 물으면 무어라 대답할지 하나님께 물었을 때 하나님은 출애굽기 3장 14절 말씀에 “하나님이 모세에게 이르시되 나는 스스로 있는 자이니라 또 이르시되 너는 이스라엘 자손에게 이같이 이르기를 스스로 있는 자가 나를 너희에게 보내셨다 하라” 말씀하셨습니다.

인공지능은 오직 자기 안에 갇힌 속에서 정밀한 데이터를 보여주고 제시하지만 하나님은 당신 안의 모든 것을 세상에 보여주시고 영향력을 행사하시고 존재하심을 믿게끔 하십니다.

“창세로부터 그의 보이지 아니하는 것들 곧 그의 영원하신 능력과 신성이 그가 만드신 만물에 분명히 보여 알려졌나니 그러므로 그들이 핑계하지 못할지니라” (롬 1:20)

2. 인공지능과 인간은 어떻게 다를까요?

[알려주세요]

인간에게는 하나님과 같은 요소가 있습니다. 그것은 하나님께서 인간을 당신의 형상으로 창조하셨기에 당연한 일입니다. 다시말해, 인간은 인공지능과 다른, 창조적 능력이 그 안에 있다는 것입니다.

하나님께서 주신 창조 능력의 근원이 곧 인공지능을 만들고 통제하는 근원이 되었던 것입니다. 그로인해 인공지능(A.I)를 탄생케 했습니다.

이 사실을 학생들에게 잘 설명해주시고 완벽하고 절대적인 창조자 하나님에 대해 배우도록 합니다.

성경에 써 있네

하나님은 어떤 분이십니까?
성경 말씀을 읽어보고 ______칸을 채워봅시다.

1. 하나님은 살아계신 분이십니다.

예레미야 10:10

오직 여호와는 참 하나님이시요 살아 계신 하나님이시요 영원한 왕이시라 그 진노하심에 땅이 진동하며 그 분노하심을 이방이 능히 당하지 못하느니라

2. 하나님은 한 분이십니다.

이사야 44:6

이스라엘의 왕인 여호와, 이스라엘의 구원자인 만군의 여호와가 이같이 말하노라 나는 처음이요 나는 마지막이라 나 외에 다른 신이 없느니라

3. 하나님은 영원하시고 전능하신 하나님이십니다.

요한계시록 1:8

주 하나님이 이르시되 나는 알파와 오메가라 이제도 있고 전에도 있었고 장차 올 자요 전능한 자라 하시더라

출애굽기 3:14

하나님이 모세에게 이르시되 나는 스스로 있는 자이니라 또 이르시되 너는 이스라엘 자손에게 이같이 이르기를 스스로 있는 자가 나를 너희에게 보내셨다 하라

[알려주세요]

하나님은 살아계신 분입니다. 역사하시고 실존하시는 분입니다. 살아계신다는 것은 우리가 눈에 보이지 않고 아무것도 행하심이 없다고 여길 수 있지만, 하나님은 지금도 세상과 우주 모든 질서를 운행하시고, 우리의 모든 생사화복을 주관하십니다(예레미야 10:10). 특별히 우리 곁에 늘 계신 하나님이심을 알려주세요.

또한 하나님은 오직 한 분이십니다. 세상에 다른 신은 있을 수 없습니다. 세상엔 하나님 이외에 무수한 신들이 있지만 이는 신을 가장한 사단의 속임수입니다.

이사야 44장 6절에, 이스라엘의 왕인 여호와, 이스라엘의 구원자인 만군의 여호와가 이같이 말하노라 나는 처음이요 나는 마지막이라 나 외에 다른 신이 없느니라고 기록하고 있습니다.

하나님은 영원하신 분이시고(계 1:8) 또한 스스로 계신 자존하시는 하나님이십니다(출 3:14). 그 밖에 성경에 기록된 하나님에 대해 정리해보면, 하나님은 영이시고(요 4:24) 그의 존재하심(출 3:14)과 지혜(시 147:5)와 권능(계 4:8)과 거룩하심(계 15:4)과 공의와 인자하심과 진실하심(출 34:6-7)이 무한하시며(욥 11:7-9) 무궁하시며(시 90:2 9) 불변(약 1:17)하신 분이십니다.

하나님이 어떤 분이신지 잘 지도해주시고, 우리는 그분에 의해 창조된 피조물이기에 당연히 모든 영광과 찬송과 경배를 드려야 하는 존재임을 이해시켜 주세요.

즐거운 교회생활

1. 교회는 누가 세우셨습니까?

마태복음 16:18

또 내가 네게 이르노니 너는 베드로라 내가 이 반석 위에 내 교회를 세우리니 음부의 권세가 이기지 못하리라

정답 : 예수님

2. 교회는 누구의 이름으로 모인 곳입니까?

마태복음 18:20

두세 사람이 내 이름으로 모인 곳에는 나도 그들 중에 있느니라

정답 : 예수님

[알려주세요]

교회라는 말은 그리스어로 에클레시아(ekklēsia)입니다.

교회하면 보통 건물을 생각하는데, 실제로 교회의 의미는 '하나님의 부르심을 받은 자들'을 뜻합니다. 교회는 이런 자들이 모인 공동체입니다.

예수님께서 내 교회를 세우리라 말씀하셨고, 부활 승천하신 후, 예수님의 열두 제자들에 의해 복음이 전파되며 교회가 세워지기 시작했습니다. 교회는 하나님의 부르심을 받고 은혜받은 자들의 공동체입니다.

예수님께서 고난과 박해 속에서 구원의 역사를 이루신 것과 같이 교회도 성도들 간에 서로 합력하며 하나님께서 주신 소명을 이루어나가야 합니다. 그래서 마지막 주님의 재림하시는 그날까지, 주님의 십자가와 부활의 복음을 전파해야 합니다.

6. 예수님을 믿으면 정말 구원받나요?

생각하고 나누기

1. 타고 가던 배에 구멍이 생겨 물이 새기 시작했습니다. 그때, 크고 튼튼한 배가 가까이 와서 어서 올라타라고 말합니다. 아래 보기 중 어떻게 행동하는 것이 옳은가요?

1) 올라탄다.
2) 분명 이 배를 고칠 방법이 있을 거라 생각하고 거절한다.
3) 그냥 내 운명에 맡긴다.
4) 다른 방법을 찾는다.

정답: 1번

[알려주세요]

여러분은 어떻게 하시겠습니까? 그냥 배에 남아 죽음을 맞이하겠습니까? 아니면 그 배에 올라 타서 살겠습니까? 올라타야만 살 수 있습니다.

하지만, 많은 사람들은 자신만의 방법이 있다고 말합니다. 또한 어차피 인생은 죽는 것이라며 체념해버리는 사람도 있고 다른 방법이 있다며 다른 신들을 만들어 구원의 다른 방법을 찾기도 합니다. 우리가 구원받으려면 반드시 예수 그리스도를 믿고 그분께 내 인생을 맡겨야 합니다. 그것이 튼튼한 배에 올라타는 길입니다.

우리 인생은 스스로 구원 할 자력구원의 방법이 없습니다. 아이들에게 예수님을 믿어야 구원받는다는 사실을 잘 알려주세요.

특별히 영화 <타이타닉>의 내용에서 사람들이 배가 침몰해가자 구조선에 서로 타려고 안간힘을 쓰는 장면을 이야기하면서 우리도 영혼이 사망과 죽음으로 끝나기 전에 빨리 생명선으로 갈아타야 한다는 사실을 알려주세요.

성경에 써 있네

1. 하나님은 우리를 살리기 위해 누구를 보내주셨나요?

정답 : 예수 그리스도

요한복음 3:16
하나님이 세상을 이처럼 사랑하사 독생자를 주셨으니 이는 그를 믿는 자마다 멸망하지 않고 영생을 얻게 하려 하심이라

요한일서 4:9

하나님의 사랑이 우리에게 이렇게 나타난 바 되었으니 하나님이 자기의 독생자를 세상에 보내심은 그로 말미암아 우리를 살리려 하심이라

아래 성경말씀을 잘 읽어봅시다.

1. 성경에서는 우리가 어떻게 해야 구원받고 영생을 얻을 수 있다 말하고 있나요?

요한복음 1:12

영접하는 자 곧 그 이름을 믿는 자들에게는 하나님의 자녀가 되는 권세를 주셨으니

요한복음 5:24

내가 진실로 진실로 너희에게 이르노니 내 말을 듣고 또 나 보내신 이를 믿는 자는 영생을 얻었고 심판에 이르지 아니하나니 사망에서 생명으로 옮겼느니라

사도행전 2:21

누구든지 주의 이름을 부르는 자는 구원을 받으리라 하였느니라

정답 : 예수님을 믿고 영접하는 자

3. 그럼에도 사람들은 왜 하나님을 믿지 않는 걸까요? 왜 인간은 하나님의 존재를 부인하는 것일까요?

정답 : 죄 때문이다. 죄가 하나님과의 관계를 가로막았다.

시편14:1
어리석은 자는 그의 마음에 이르기를 하나님이 없다 하는도다 그들은 부패하고 그 행실이 가증하니 선을 행하는 자가 없도다

로마서 3:23
모든 사람이 죄를 범하였으매 하나님의 영광에 이르지 못하더니

[알려주세요]

신은 오직 한분이신 하나님이신데, 왜 세상에는 수많은 종교가 생겨서 자신들이 믿는 신이 참신이라고 말하는 걸까요? 종교가 생긴 이유는 인간의 죄 때문입니다. 그것은 죄로 인해 참 하나님을 바라보는 지혜가 사라졌기 때문입니다. 우리 인생은 진리로 지배를 받아야 하는데 불의가 진리를 가로막았습니다(롬 1:18). 곧 죄의 지배를 받게 되었습니다.

"하나님의 진노가 불의로 진리를 막는 사람들의 모든 경건하지 않음과 불의에 대하여 하늘로부터 나타나나니 이는 하나님을 알 만한 것이 그들 속에 보임이라 하나님께서 이를 그들에게 보이셨느니라" (롬 1:18~19)

죄로 인해 참 하나님을 알 수 없게 되고 인간의 근본적인 진리에 대한 목마름이 종교적인 지혜와 자신이 체험하고 경험한 것을 신으로 여기기 시작하

면서부터 거짓 종교를 양산하게 되었습니다.

신에 대한 존재의 증명은 결국 세상 가운데 보여지지만 특별히 가장 더 정확한 신에 대한 존재의 증명, 하나님이 계시다는 확실한 증거는 바로 우리가 가지고 있는 믿음입니다. 그 믿음을 믿음 되게 하는 것이 바로 예언된 성경의 말씀입니다. 이것을 믿어야 합니다. 그런데 사람들은 죄로 인해 눈이 가려져 엉뚱하게 스스로 신을 찾기 시작했습니다.

인간은 원시부족 시대부터 지금까지 신의 존재를 확인하고 그 신의 존재를 증명하려 노력했습니다. 또한 자신이 처한 상황과 환경에 맞게 그에 합당한 신을 만들어 내기 시작했습니다.

그렇다면 우리 인간은 왜 이처럼 다양한 신들을 만들어 냈을까요? 바로 두려움 때문입니다. 어린아이는 엄마가 잠시라도 안 보이면 진짜 사라진 줄 알고 무서워서 웁니다. 아이라고 해도 자신이 얼마나 나약한 존재인지 알고 있기 때문입니다.

인간의 두려움을 해결하기 위해 신을 찾고 있는데 스스로 찾다 보니, 지역과 인종과 민족성과 특별한 체험을 통해 각기 다른 신들로 변질되어 나타나게 된 것입니다.

하지만 중요한 사실은 내가 신을 알기 위해 노력한다고 알아지는 것이 아니라는 것입니다. 신을 안다는 것은 사람(나)로부터 출발하는 것이 아니라 신(하나님)으로부터 출발해야 올바른 것입니다. 내가(사람의 체험이나 지식적 이해로) 신을 안다는 것은 불가능합니다. 신(하나님)을 아는 것은 우리의 노력이 아니라 신(하나님)이 우리에게 보여주시는 것입니다.

하나님(신)은 사람에 의해 증명되는 것도 아니고 사람의 노력으로 실체를 파악할 수 있는 것도 아니고 하나님께서 직접 자신을 드러내 보이셔야 한다는 사실입니다.

인간이 하나님(신)에 대해 안다는 것은 마치 장님이 코끼리를 만지듯 부분적으로 밖에 알지 못한다는 것이지요.

중요한 것은 내가 찾아내는 신이 아니라, 신께서 자신의 존재를 우리의 언어와 지적능력에 맞게 드러내 보이셔야 정확하다는 것입니다. 하나님께서 자기 자신을 드러내 보이시는 것을 '계시'라고 합니다. 그리고 하나님께서 직접 당신을 보여주신 계시의 말씀이 바로 성경입니다.

3. 우리는 어떻게 해야 구원을 받게 될까요? 중요한 구원의 말씀입니다. 아래 말씀을 기억하면서 정성껏 필사해봅시다.

요한복음 3:16
하나님이 세상을 이처럼 사랑하사 독생자를 주셨으니 이는 그를 믿는 자마다 멸망하지 않고 영생을 얻게 하려 하심이라

로마서 10:9
네가 만일 네 입으로 예수를 주로 시인하며 또 하나님께서 그를 죽은 자 가운데서 살리신 것을 네 마음에 믿으면 구원을 받으리라

요한복음 5:24
내가 진실로 진실로 너희에게 이르노니 내 말을 듣고 또 나 보내신 이를 믿는 자는 영생을 얻었고 심판에 이르지 아니하나니 사망에서 생명으로 옮겼느니라

사도행전 2:21
누구든지 주의 이름을 부르는 자는 구원을 받으리라 하였느니라

즐거운 교회생활

아래의 주기도문과 사도신경은 반드시 암송해야 합니다.

[주기도문]

하늘에 계신 우리 아버지여, 이름이 거룩히 여김을 받으시오며,
나라이 임하옵시며, 뜻이 하늘에서 이룬 것 같이 땅에서도 이루어지이다. 오늘날 우리에게 일용한 양식을 주옵시고,
우리가 우리에게 죄 지은 자를 사하여 준 것 같이
우리 죄를 사하여 주옵시고,
우리를 시험에 들게 하지 마옵시고 다만 악에서 구하옵소서.
대개 나라와 권세와 영광이 아버지께 영원히 있사옵나이다.
아멘.

[새번역 주기도문]

하늘에 계신 우리 아버지, 아버지의 이름을 거룩하게 하시며
아버지의 나라가 오게 하시며,
아버지의 뜻이 하늘에서와 같이 땅에서도 이루어지게 하소서.
오늘 우리에게 일용할 양식을 주시고,
우리가 우리에게 잘못한 사람을 용서하여 준 것같이
우리 죄를 용서하여 주시고
우리를 시험에 빠지지 않게 하시고 악에서 구하소서.
나라와 권능과 영광이 영원히 아버지의 것입니다. 아멘.

즐거운 교회생활

[사도신경]

전능하사 천지를 만드신 하나님 아버지를 내가 믿사오며
그 외아들 우리 주 예수 그리스도를 믿사오니
이는 성령으로 잉태하사 동정녀 마리아에게 나시고
본디오 빌라도에게 고난을 받으사 십자가에 못 박혀 죽으시고,
장사한지 사흘 만에 죽은 자 가운데서 다시 살아나시며
하늘에 오르사, 전능하신 하나님 우편에 앉아 계시다가
저리로서 산자와 죽은자를 심판하러 오시리라
성령을 믿사오며, 거룩한 공회와, 성도가 서로 교통하는 것과,
죄를 사하여 주시는 것과, 몸이 다시 사는 것과
영원히 사는 것을 믿사옵나이다. 아멘.

[새번역 사도신경]

나는 전능하신 아버지 하나님, 천지의 창조주를 믿습니다.
나는 그의 유일하신 아들, 우리 주 예수 그리스도를 믿습니다.
그는 성령으로 잉태되어 동정녀 마리아에게서 나시고
본디오 빌라도에게 고난을 받아 십자가에 못 박혀 죽으시고
장사된 지 사흘만에 죽은 자 가운데서 다시 살아나셨으며
하늘에 오르시어 전능하신 아버지 하나님 우편에 앉아 계시다가
거기로부터 살아있는 자와 죽은 자를 심판하러 오십니다.
나는 성령을 믿으며 거룩한 공교회와 성도의 교제와
죄를 용서 받는 것과 몸의 부활과 영생을 믿습니다. 아멘.

7. 성령님은 누구신가요?

생각하고 나누기

1. 목적지로 가는 길을 알고도 가지 않으면 어떻게 될까요?

[알려주세요]

부산까지 가는 길을 알았다면 그 길로 나아가야 부산에 이를 수 있습니다. 알고도 가지 않으면 부산까지 갈 수 없습니다. 마찬가지로 우리가 구원의 길을 알았다면 구원의 길로 나아가야 합니다.

예수님만이 유일한 구원의 길이라는 사실을 믿는다면 구원의 길로 나아갈 의지와 노력은 나에게 있는 것입니다. 구원의 길로 나갈 수 있게 노력하는 것을 믿음생활이라 합니다. 또한 우리는 늘 성화의 삶을 살아야 합니다.

그런데 구원의 길을 깨닫고 가는데는 그리 쉽지 않은 어려움들이 있습니다. 왜 그럴까요? 세상에 있는 사탄은 우리가 영생의 길로 나아가는 것을 그냥 놔두지 않기 때문입니다.

그래서 우리는 성령님을 의지하고 나아가야 합니다. 성령님은 우리와 함께 하시며 올바른 구원의 길로 갈 수 있도록 도와주시는 하나님의 영입니다. 이번 과에서는 우리를 이끌어주시는 성령님에 대해 알아보도록 합시다.

성경에 써 있네

아래 말씀을 잘 읽어보고 ______을 채워보세요.

1. 성령님의 인도하심을 받아야 올바른 구원의 길로 나아갈 수 있습니다.

요한복음 14:26
보혜사 곧 아버지께서 내 이름으로 보내실 성령 그가 너희에게 모든 것을 가르치고 내가 너희에게 말한 모든 것을 생각나게 하리라

요한복음 16:13

그러나 진리의 성령이 오시면 그가 너희를 모든 진리 가운데로 인도하시리니 그가 스스로 말하지 않고 오직 들은 것을 말하며 장래 일을 너희에게 알리시리라

그렇다면 성령님은 누구신가요?

2. 성령님은 우리를 죄와 사망의 법에서 해방시켜주신 분이십니다.

로마서 8:1~2

그러므로 이제 그리스도 예수 안에 있는 자에게는 결코 정죄함이 없나니 이는 그리스도 예수 안에 있는 생명의 성령의 법이 죄와 사망의 법에서 너를 해방하였음이라

3. 성령님은 우리를 구원의 날까지 인치시는 일을 하십니다.

에베소서 4:30

하나님의 성령을 근심하게 하지 말라 그 안에서 너희가 구원의 날까지 인치심을 받았느니라

[알려주세요]

'인치시다'는 자신의 소유임을 확인하기 위해 도장을 찍는다는 뜻을 가지고 있습니다. 고대 노예에게는 주인이 자신의 소유임을 나타내기 위해 몸에 뜨거운 쇠로 짖어 자신의 소유임을 나타냈습니다. 여기서 구원의 날까지 인치시겠다는 의미는 하나님께서 택한 자들을 당신의 소유로 인정하시겠다는 의미를 담고 있습니다.

4. **성령님은 우리가 하나님의 자녀인 것을 보증해주시고, 증언해 주시는 분이십니다.**

고린도후서 5:5

곧 이것을 우리에게 이루게 하시고 보증으로 성령을 우리에게 주신 이는 하나님이시니라

로마서 8:16

성령이 친히 우리의 영과 더불어 우리가 하나님의 자녀인 것을 증언하시나니

5. **성령님은 구원에 이르기까지 우리를 도와주시는 분이십니다.**

로마서 8:26

이와 같이 성령도 우리의 연약함을 도우시나니 우리는 마땅히 기도할 바를 알지 못하나 오직 성령이 말할 수 없는 탄식으로 우리를 위하여 친히 간구하시느니라

6. **만약 성령님이 우리 안에 없으면 우리는 그리스도의 사람이 아닙니다.**

로마서 8:9

만일 너희 속에 하나님의 영이 거하시면 너희가 육신에 있지 아니하고 영에 있나니 누구든지 그리스도의 영이 없으면 그리스도의 사람이 아니라

[알려주세요]

성령님은 삼위일체(三位一體) 하나님에게 있어 아버지 하나님, 아들이신 그리스도와 구별되는 제3위격(位格, 마 28:19; 고후 13:4)을 가진 분이십니다. 구약에서는 '거룩하신 영', '성신', '하나님의 신' 등으로 나타납니다.

성부, 성자와 함께 창조 사역을 하셨으며, 신약에서는 성도의 구원을 이루고 완성하실 보혜사(保惠師)로 우리 가운데 함께 하시는 하나님 되십니다. 또한 예수님을 영접하고 하나님의 자녀로 거듭난 자들을 지키시고 보호하시고 구원을 이루시는 분입니다(눅 11:13; 요일 4:13).

또한 성령은 우리와 함께 거하시며(요 14:17), 가르치시고 기억나게 하시며(요 14:26), 증거하시며(요 15:26), 죄를 깨닫게 하시며(요 16:8), 인도하시며 말씀하시며 알리시는 분입니다(요 16:13, 15). 그리고 성경을 깨닫게 하시며, 성령으로 말하게 하시며(행 1:16; 벧후 1:21), 사역자를 부르시며(행 13:2), 사역자들과 말씀하시며(행 8:29), 일꾼을 보내시며(행 13:4), 복음 사역의 방향을 정해주시며(행 16:6-7), 중재하시는 분이십니다(롬 8:26).

또한 성령은 의지(고전 12:11), 마음(롬 8:27), 생각, 지식, 말(고전 2:10-13), 사랑(롬 15:30) 등 인격적 속성을 가지고 계십니다. 따라서 거짓말이나 시험하는 행위(행 5:3-4, 9), 거스리는 행동(행 7:51), 슬프게 하는 것(엡 4:30), 욕되게 하는 것(히 10:29), 훼방하는 것(마 12:31)은 모두 성령을 근심되게 하는 죄악에 해당합니다.

즐거운 교회생활

내가 다니는 교회와 학생회에 대해 알아봅시다.
선생님의 말씀과 설명을 잘 들어봅시다.

1. 교회 이름 :

2. 교회 교파 :

3. 담임목사님 성함 :

4. 학생회 지도 목사(전도사)님 성함 :

5. 학생회 선생님들 성함 :

6. 학생부 회장 이름 :

7. 임원들 이름 :

8. 성경말씀과 기도는 왜 필요한가요?

생각하고 나누기

만약 아래와 같이 식사를 하게 되면 결국 어떻게 될까요?

정답 : 1번 건강하게 자란다. 2번 영양실조에 걸리게 된다.

1. 다양한 영양소를 갖춘 규칙적인 식사

2. 다양한 영양소를 갖추지 못한 불규칙적인 식사

[알려주세요]

신앙생활은 우리가 식사하는것과 같습니다. 음식을 골고루 먹어야 건강하게 성장합니다. 반면 편식하거나, 제대로 먹지 않거나, 불규칙한 식사를 한다거나, 과다하게 먹는다면 반드시 병에 걸리거나 영양실조에 걸리기 마련입니다. 주일성수와 성경공부와 교회 아이들과 아름다운 교제를 나누고 늘 말씀을 읽고, 기도생활을 한다면 균형잡힌 영적인 식사가 될 것입니다.

성경에 써 있네

아래 성경 말씀을 읽고 질문에 답을 해봅시다.

디모데후서 3:15~17

또 어려서부터 성경을 알았나니 성경은 능히 너로 하여금 그리스도 예수 안에 있는 믿음으로 말미암아 구원에 이르는 지혜가 있게 하느니라 모든 성경은 하나님의 감동으로 된 것으로 교훈과 책망과 바르게 함과 의로 교육하기에 유익하니 이는 하나님의 사람으로 온전하게 하며 모든 선한 일을 행할 능력을 갖추게 하려 함이라

1. 성경은 누구를 통해 어디에 이르게 하는 지혜가 있다고 기록하고 있나요?

정답 : 예수 안에 있는 믿음으로 구원에 이르게 하는 지혜가 있다.

2. 성경은 누구의 감동으로 기록된 것인가요?

정답 : 하나님의 감동

3. 성경은 어떤 유익이 있나요?

정답 : 교훈, 책망, 바르게 함, 의로 교육하기 유익함

4. 궁극적으로 성경은 우리를 어떤 상태로 이끌어주나요?

정답 : 하나님의 사람으로 온전케 하고, 선한 일을 행할 능력을 갖추게 해준다.

5. 하나님은 우리를 도와주시리라 말씀하셨습니다.

이사야 41:10
두려워하지 말라 내가 너와 함께 함이라 놀라지 말라 나는 네 하나님이 됨이라 내가 너를 굳세게 하리라 참으로 너를 도와 주리라 참으로 나의 의로운 오른손으로 너를 붙들리라

6. 하나님의 도우심을 받는 일은 기도하는 일입니다.

빌립보서 4:6~7
아무 것도 염려하지 말고 다만 모든 일에 기도와 간구로, 너희 구할 것을 감사함으로 하나님께 아뢰라 그리하면 모든 지각에 뛰어난 하나님의 평

강이 그리스도 예수 안에서 너희 마음과 생각을 지키시리라

그렇다면 기도는 왜 해야 하나요?
아래 말씀을 잘 읽어보고 ______을 채워보세요.

1. **기도하는 것은 하나님의 뜻입니다.**

데살로니가전서 5:17~18
쉬지 말고 기도하라 범사에 감사하라 이것이 그리스도 예수 안에서 너희를 향하신 하나님의 뜻이니라

2. **간절히 드린 기도는 반드시 응답됩니다.**

요한복음 15:7
너희가 내 안에 거하고 내 말이 너희 안에 거하면 무엇이든지 원하는 대로 구하라 그리하면 이루리라

[알려주세요] -기도하는 방법

1. **하나님께 대한 찬양과 감사로 시작합니다.**
2. **회개기도**-지난 삶을 돌아보고 지은 죄들을 회개합니다. 회개는 구체적으로 해야 합니다.
3. **함께 드려야 할 기도**(공적기도)와 **간구의 기도**(개인적기도)
함께 드리는 기도는 교회와 선교에 함께 해야 할 기도를 말합니다.

예를 들면 국가와 민족을 위해, 교회를 위해, 세계 복음화를 위해, 복음의 확장과 선교사님을 위해 내가 구해야 할 기도를 구합니다. 간구의 기도는 내가 구해야 할 기도내용을 말합니다.

4. 예수님 이름으로-기도의 마무리는 항상 "예수님 이름으로 기도드립니다. 아멘"으로 해야 합니다. 아멘은 "하나님의 뜻대로 되기 원합니다.", "이 모든 기도가 이루어지길 소망합니다." 라는 뜻입니다.

[알려주세요] - 언제 기도해야 할까?

매순간 - 교회나 특정한 장소가 아니라 해도 늘 언제나 마음속으로 기도합니다. 어떤 형식이 없어도 하나님과 교제하는 의미로서의 기도는 늘 습관처럼 해야 합니다.

식사기도 - 세 끼 밥을 먹을 때마다 감사함으로 하나님께 기도합니다.

기도시간은 길지 않아도 됩니다. "오늘 일용할 양식을 주셔서 감사합니다." 라고 간단하게 감사의 기도를 드립니다.

소그룹 모임이나 학생회 임원회의 기타 모임 - 기도 담당자가 모임을 위해서 기도하고 시작합니다.

질병이나 어려움 등의 문제가 생겼을 경우 - 문제 해결을 위해 기도합니다. 하지만 내 생각대로 하지 말고 하나님의 뜻대로 해결해달라고 기도합니다. 또한 시간을 정해놓고 작정해서 기도하는 것이 좋습니다.

타인을 위한 중보기도 - 친구나 친구 가정, 기타 내가 알고 있는 분들이 어려움을 당했을 때 그를 위해 기도합니다.

즐거운 교회생활

1. 성경책을 찾는 방법을 알아봅시다.

성경 목록으로 구약은 총 39 권
신약은 총 27 권으로 나누어져 있습니다.

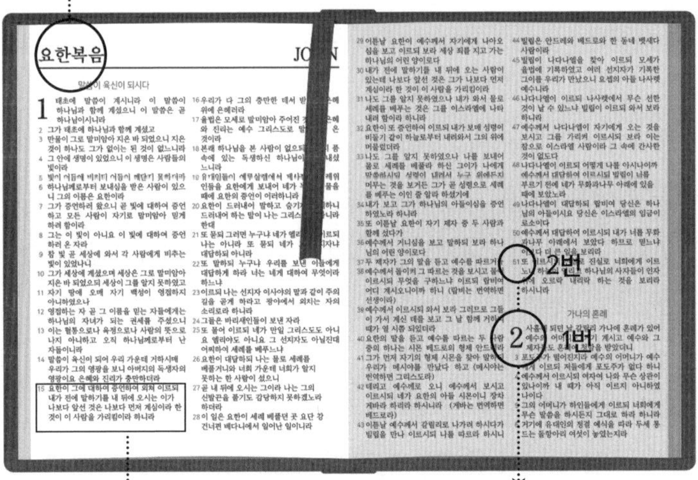

성경은 장과 절로 나뉘어져 있습니다.
1번은 장 이고, 2번은 절입니다.

네모박스 안의 말씀은 성경 어디 몇 장, 몇 절일까요?

신약 성경 요한 복음 1 장 15 절 말씀

하나님께 드리는 헌금에 대해서 알아봅시다.

1. 헌금은 왜 드려야 하나요?

고린도후서 9:7
각각 그 마음에 정한 대로 할 것이요 인색함으로나 억지로 하지 말지니 하나님은 즐겨 내는 자를 사랑하시느니라

마태복음 6:20~21
오직 너희를 위하여 보물을 하늘에 쌓아 두라 거기는 좀이나 동록이 해하지 못하며 도둑이 구멍을 뚫지도 못하고 도둑질도 못하느니라 네 보물 있는 그 곳에는 네 마음도 있느니라

2. 십일조는 무엇입니까?

말라기 3:8
사람이 어찌 하나님의 것을 도둑질하겠느냐 그러나 너희는 나의 것을 도둑질하고도 말하기를 우리가 어떻게 주의 것을 도둑질하였나이까 하는도다 이는 곧 십일조와 봉헌물이라

말라기 3:10
만군의 여호와가 이르노라 너희의 온전한 십일조를 창고에 들여 나의 집에 양식이 있게 하고 그것으로 나를 시험하여 내가 하늘 문을 열고 너희에게 복을 쌓을 곳이 없도록 붓지 아니하나 보라

[알려주세요]

1. 헌금은 왜 드려야 하나요?

헌금은 하나님께 향한 자발적 표현이자, 예배순서 중 하나입니다. 대부분의 아이들은 학창시절에는 부모님으로부터 용돈을 받아 헌금을 드릴 것입니다. 적은 금액이라 할지라도 매주 정성껏 드리도록 지도해 주세요.

2. 십일조는 무엇입니까?

엄격히 말해서 십일조는 헌금이라기보다 하나님의 것입니다. 물론, 모든 것이 하나님의 것이지만 하나님은 특별히 소득의 1/10을 하나님께 드릴 것을 말씀하셨습니다. 학생들은 직장생활을 하지 않아 돈을 벌지 않습니다.

하지만, 용돈도 소득에 속하기 때문에 반드시 십일조 헌금을 하나님께 드리는 습관을 가져야 합니다. 물론, 아르바이트를 하는 친구가 있다면 당연히 하나님께 소득의 십일조를 드려야 합니다.

9. 친구야, 함께 고백하자

확인의 시간

모든 과정을 마쳤습니다.
이제 아름다운 입술의 고백을 해봅시다. 입으로 크게 읽어봅시다.
빈칸에는 성경말씀을 직접 찾아 적어봅시다.

아래의 내용을 크게 읽어주시기 바랍니다.
그리고 ________에는 성경말씀을 찾아 직접 써봅시다.

1단계
친구야, 우리 인생은 확실히 인정할 수밖에 없는 세 가지가 있단다.

첫 째, 언젠가 죽게 돼.
둘 째, 언제 죽게 될지 몰라.
셋 째, 죽음이 끝이 아니야.

여기서 너가 인정하지 않는 게 있니? 죽음은 끝이라고? 아니야. 성경에 분명 죽음 뒤엔 심판이 있다고 말씀하고 있어.

2단계

우리가 어떻게 생겨났을까? 성경에 보면 하나님이 에덴동산에서 천지와 인간을 창조하셨다고 말씀하고 계셔. 그땐 영원한 행복과 기쁨을 누리며 살았어. 그런데 인간은 사단의 꿰임에 빠져 하나님 말씀에 불순종함으로 죄를 짓게 되었지. 결국 에덴동산에서 하나님과 사람사이에 아름답고 행복한 관계가 깨져버렸어.

그래서 사람은 고통 속에 늙고 죽어 지옥에 갈 수밖에 없는 운명에 처해지게 되었단다.

성경말씀 로마서 5장 12절 말씀에 보면

그러므로 한 사람으로 말미암아 죄가 세상에 들어오고 죄로 말미암아 사망이 들어왔나니 이와 같이 모든 사람이 죄를 지었으므로 사망이 모든 사람에게 이르렀느니라

이 말을 한마디로 정리하면 영원히 행복하던 우리가 죄로 인해 하나님과 관계가 단절되었고, 결과적으로 육체적 사망과 영원한 사망이 오게 된 거야.

3단계

그래서 죄 없는 인간이 없게 되었고 성경말씀 로마서 3장 10절에 "기록된바 의인은 없나니 하나도 없으니"라고 기록하고 있어.

이 말은 죄인이 아닌 사람은 단 한 사람도 없다는 말이야. 인간은 그래도 천국에 가려고, 영생을 얻으려고, 하나님께 도달하려고 많은 노력을 하고 있어.

때론, 선하게 살면 된다고 생각해서 선한 일을 많이 하기도 하고, 많은 학문과 철학과 과학을 빌어 영생의 비밀을 캐내려 하고 있지. 또한 무수한 종교들이 생겨나서 저마다 구원의 길이 있다고 말하고 있어.

이처럼 많은 노력을 하고 있지만 성경은 사람의 노력과 능력으로 결코 구원받을 수 없다고 말하고 있어. 누구나 죄인이듯 죄 문제가 해결되지 않고서는 결코 하나님께 나갈 수 없고 천국에 갈 수 없어.

4단계

그럼 우리는 어떻게 해야 죄 문제를 해결받고 구원받을 수 있을까? 그 죄 문제를 해결해주실 분은 오직 하나님밖에 없으셔. 구원의 길로 이끄실 분도 역시 하나님 밖에 없으셔.

하나님은 우리를 사랑하시기 때문에 이 죄 문제를 해결받고 구원받을 길을 열어주셨어. 바로 독생자 예수님을 이 세상 가운데 보내주셨지.

요한복음 3장 16절 말씀에 하나님이 세상을 이처럼 사랑하사 독생자를 주셨으니 이는 그를 믿는 자마다 멸망하지 않고 영생을 얻게 하려 하심이라

예수님은 우리의 죄를 사해 주시기 위해 십자가에 달려 죽으셨어.

사실 죄 많은 우리가 십자가에 달려 죽는게 마땅하지만 하나님의 놀라운 사랑이 예수님을 죽게 하셨고, 그 대속적 죽음이 곧 우리를 살게 하신거야.

그래서 하나님은 우리에게 구원의 한 길을 열어주셨는데 우리가 예수님만 믿으면 죽어도 죽지 않는 영생의 길, 구원의 길로 나갈 수 있게 길을 열어주신 거야.

요한복음 14장 6절에 "...내가 곧 길이요 진리요 생명이니 나로 말미암지 않고는 아버지께로 올 자가 없느니라" 기록하고 있어. 예수님만 믿으면 구원받게 돼.

또한 로마서 10장 9절에 <u>네가 만일 네 입으로 예수를 주로 시인하며 또 하나님께서 그를 죽은 자 가운데서 살리신 것을 네 마음에 믿으면 구원을 받으리라</u> 기록하고 있어.

우리는 분명 한 가지는 확실히 인정하고 있어. 누구나 죽는다는 사실이지.
너는 죽어서 천국에 가고 싶니, 아니면 지옥에 가고 싶니?
너는 소중한 내 친구니 당연히 나와 함께 천국에 가야겠지.

그렇다면 방법은 단 한 가지, 그 길도 단 한 가지.
네 입으로 예수님을 나의 주님으로 인정하고, 예수님을 믿을 수 있도록 함께 노력해야 해. 나도 네가 믿음을 가질 수 있도록 기도할게.
친구야, 잘 알겠니? 아직 믿지 못할 수도 있어. 믿음은 일단 결심과 노력이 중요해.

내가 너를 위해서 기도할게.

하나님, 사랑하는 친구 ○○(이)를 붙잡아 주세요.
우리 교회에 나오게 되었고 새신자반을 마쳤습니다.
이제 이후가 더 중요합니다.
우리 ○○(이)를 붙잡아 주셔서 예수님을 잘 믿고 구원받게 도와주세요.
지금은 믿지 못하겠지만,
성령님께서 친히 도와주셔서 믿음을 갖게 하여 주세요.
교회에 잘 나오며 믿음을 쌓아갈 수 있도록 도와주세요.
예수님의 이름으로 기도드렸습니다. 아멘.

[서 약 서]

나, ____________(이)는 새친구반 모든 과정을 마치고 ____________ 교회에서 열심히 신앙생활 할 것을 서약합니다.

하나, 나 ____________(이)는 예수님을 나의 구주로 믿고 열심히 신앙생활 할 것을 서약합니다.

둘, 나 ____________(이)는 성경 말씀은 무오한 하나님의 말씀이며, 이 말씀대로 실천하며 살아갈 것을 서약합니다.

셋, 나 ____________(이)는 예배를 온전히 드리고, 열심히 기도하며, 성경 말씀을 늘 묵상하며 실천할 것을 서약합니다.

넷, 나 ____________(이)는 친구들을 열심히 전도할 것을 서약합니다.

년 월 일 서약자 : 인

[신앙 간증문]

8주 간의 과정을 마친 솔직한 소감과 신앙 간증을 기록해봅시다.

"청소년 바로세우기 시리즈 커리큘럼"

1년차 신앙입문 Teen G3 0단계 1~4권 [총 4권, 48주 1년 과정]
1권 믿음생활 시작하기 Start! (믿음의 기초 이해하기)
2권 복음의 기초 다지기 Start! (죄와 구원)
3권 믿음의 습관 길들이기 Start! (다양한 관계 속에서 믿음생활)
4권 성경인물 따라하기 Start! (믿음생활을 배우고 삶 속에 적용하는 과정)

2년차 상반기과정 Teen G3 1, 2단계 [복음+전도] 1권 전도는 부끄러운 일이 아니야 Start!
Teen G3 3, 4단계 [양육+리더] 2권 나는 내 교회 리더가 될거야 Start!

2년차 하반기과정 Teen G3 성경 · 구약1 [천지창조~사사시대]
Teen G3 성경 · 구약2 [통일왕조~분열왕조]

3년차 상반기과정 Teen G3 성경 · 신약1 [복음시대]
Teen G3 성경 · 신약2 [사도시대]

Teen G3 0단계 1권 믿음생활 시작하기

단계	제목(주제말씀)	배울내용	스토리텔링	핵심성경구절
0단계 1권	1. 내가 살아가는 이유? (창1:26~28)	삶의 목적	베드로를 부르시는 예수님	고전10:31, 사43:7
	2. 교회는 왜 다녀야 하나요? (마16:16~18)	교회	베드로의 신앙고백	요4:24, 시50:23
	3. 성경은 어떤 책인가요? (딤3:16~17)	성경	내 양을 먹이라	눅24:27, 고후13:3
	4. 예배는 왜 드려야 하나요? (요4:24)	예배1	아브라함의 순종	시57:17, 요4:24, 시50:23
	5. 예배는 어떻게 드려야 하나요? (롬12:1)	예배2	나아만장군 이야기	롬12:1, 신4:15~19
	6.안식일이 왜 주일이 되었나요? (눅24:1~3)	주일의미	다니엘의 믿음	요20:19, 신5:13~14, 호6:6
	7.주일은하나님께구별하여드리는날이에요(창2:3)	주일성수	엘리야의 기적	창2:3, 사58:13
	8. 하나님은 어떤 분이신가요? (요일4:8)	하나님	말라기 선지자이야기	창6:6~7, 출3:14, 시90:2
	9. 예수님은 누구신가요? (빌2:6~8)	예수님	앉은뱅이를 일으킨 능력	요1:1, 요20:31, 눅5:32
	10. 성령님은 누구신가요? (행1:8)	성령님1	오순절 성령강림사건	행1:8, 고전12:11, 요3:5~8
	11. 성령님은 어떤 일을 하시나요? (요14:26)	성령님2	바울의 동역자들	롬8:11, 요16:13, 요3:5
	12. 우리가 죄인인가요? (요일3:4)	죄	눈물로 회개한 다윗왕	신8:1, 신29:9, 롬14:23

Teen G3 0단계 2권 복음의 기초 다지기

단계	제목(주제말씀)	배울내용	스토리텔링	핵심성경구절
0단계 2권	1. 내가 할 수 없는 것 (롬3:23~24)	인간	부활하신 예수님	잠27:1, 전3:11, 요14:6
	2. 원죄란 무엇인가요? (창2:16~17)	죄문제1	요나 이야기	롬5:19, 약4:17, 창3:5~6
	3.아담의 죄가 왜 우리의 죄가 되었나요? (롬5:12)	죄문제2	노아의 홍수	행17:26, 롬5:18~19, 창3:17
	4. 죄로인해 우리는 어떻게 변질되었나요? (롬	죄문제3	구원받은 삭개오	롬1:21~23, 히9:27, 롬6:23
	5. 예수님, 회개합니다 (행2:37~38)	회개	위로의 아들 바나바	롬5:12, 사1:18, 행2:37
	6.예수님을 소개합니다(마16:16)	예수님1	예수님의 탄생 이야기	마16:16, 마1:16, 요20:31
	7.예수님은 왜 이 땅에 오셨나요?(요3:16)	예수님2	베드로의 신앙고백	눅5:32, 마20:28, 롬10:19
	8. 예수님의 핵심 다섯가지 (빌2:5~11)	예수님3	제자들의발을씻겨주신예수님	마1:23, 롬3:25~26 행1:8~9
	9. 예수님의 능력 (요11:25~26)	예수님4	요한과 야고보 이야기	눅8:24, 요11:25~26
	10. 구원받는 방법 (롬10:9~10)	구원	부자와 나사로 이야기	히10:25, 히4:12, 마7:7~8
	11. 예수 믿게된 것은 대박이다 (행2:42~47)	거듭남	백부장의 믿음	요1:12~13, 고후5:17
	12. 교회에서 신앙생활하는 방법(엡1:22~23)	신앙생활	바울과 바나바 이야기	엡5:29~30, 엡1:23, 행2:42~47

Teen G3 0단계 3권 믿음의 습관 길들이기

단계	제목(주제말씀)	배울내용	스토리텔링	핵심성경구절
0단계 3권	1. 믿음은 행동이야~ (마5:13~16)	믿음이란	바울의 믿음	히11:1~2, 롬10:17, 약2:26
	2. 말씀읽기부터 시작하자 (요20:30~31)	말씀읽는습관	사단의 세가지 시험	신17:19, 계1:3, 시1:2~3
	3. 밥먹을때만 기도하지마 (약1:6~7)	기도하는습관	한나의 기도	요일5:14, 시66:18~20 눅18:11~13
	4. 전도는 즐거운 일이야~ (마28:18~20)	전도하는습관	사울의 회심	딤전2:4, 눅15:7, 마28:18~20, 행1:8
	5. 입술에 파수꾼을 세우라 (약3:2)	바른언어사용 습관	솔로몬의 지혜	약3:5~12, 마15:11, 잠18:21
	6. 말씀따라 행동하자(골3:23~24)	말씀따라 행동하는 습관	선한 사마리아인	신28:1~6, 골3:23~24, 빌2:3~4, 벧전4:10
	7. 하나님의 영광을 위해하라(고전10:31)	하나님 목적위해 사는 습관	스데반의 순교	잠9:10, 고전10:31, 잠3:1~4
	8. 상대적 빈곤감을 극복하라 (벧전3:3~4)	비교의식 버리는 습관	예수님의 산상설교	삼상16:7, 전1:2~3, 눅18:24~27
	9. 우리는 제품이 아니라 작품이다(창2:7)	자존감회복하기	점치는 여종을 고쳐준 바울	창1:27~28, 사41:10, 시121:1
	10. 현대의 영적 드라빔, 스마트폰 (창35:1~5)	스마트폰 길들이기1	놋뱀을 바라본 자들	창35:1~5, 창31:19
	11. 스마트폰 중독현상을 극복하라 (엡4:22~24)	스마트폰 길들이기2	발람 선지자 이야기	엡4:22~24, 약4:7 고전6:9~10
	12. 이단을 경계하라 (갈1:7)	이단 바로 알고 경계하기	루스드라에서의 전도	딛3:10, 갈1:7

Teen G3 0단계 4권 성경인물 따라하기

단계	제목(주제말씀)	배울내용	그것이 알고싶다
0단계 4권	1. 가인과 아벨의 제사vs아나니아와 삽비라심판(창4:1~10, 행5:1~11)	온전한예배, 하나님께 정직함	한경직 목사님 이야기1
	2. 노아의 순종vs사도 요한의 인내(창6:1~8, 계22:18~21)	순종과 인내	한경직 목사님 이야기2
	3. 욥의 시험 vs 예수님의 시험(욥 1:1, 마 4:1~11)	시험극복의 지혜	한경직 목사님 이야기3
	4. 아브라함의 믿음 vs 백부장의 믿음(창12:1~4, 눅7:1~11)	하나님께 맡기는 믿음	한경직 목사님 이야기4
	5. 야곱 vs 수로보니게 여인의 믿음(창32:22~28,마15:21~28)	포기하지 않는 믿음	언더우드 선교사 이야기1
	6. 요셉의 용서 vs 삭개오의 회개(창 45:1~5, 눅 19:1~10)	용서와 회개	언더우드 선교사 이야기2
	7. 모세 vs 야고보와 요한의 어머니(출 4:10~17, 마 20:20~28)	믿음의 리더십	언더우드 선교사 이야기3
	8. 여호수아의 믿음 vs 바울의 믿음(수 1:1~9, 행 13:44~52)	두려움 버리고 말씀의지하기	언더우드 선교사 이야기4
	9. 라합의 믿음 vs 과부의 두렙돈(수 2:1~11, 눅 21:1~4)	믿음과 온전한 정성	손양원 목사님 이야기1
	10. 다윗의 회개 vs 음행한 여인의 용서(시 51:1~12, 요 8:1~11)	회개의 방법	손양원 목사님 이야기2
	11. 엘리야의 믿음 vs 바울과 실라의 믿음(왕상18:36~40, 행16:25~34)	믿음은 기적을 일으킨다	손양원 목사님 이야기3
	12. 믿음의 좋은 습관에 길들여지자(눅22:39~41)	믿음의 습관	손양원 목사님 이야기4

Teen G3 1, 2단계(복음+전도) 친구야 기쁜소식을 전해줄께

단계	제목(주제말씀)	배울내용	12제자 살펴보기	핵심성경구절
1 2단계 1권 복음+전도	1. 나는 그리스도인인가?(행11:25~26)	그리스도인	사랑의 전달자 안드레	마4:17, 롬10:9, 막10:21
	2. 내게 가장 기쁜소식 (막1:1, 롬1:2)	복음1	관계전도의 대표주자 빌립	막1:1, 롬1:2
	3. 세상에서 가장 큰 능력 (롬1:16~17)	복음2	편견을 벗어버린 나다나엘	롬1:14~15, 행20:24
	4. 드러난 비밀? (롬16:25~26)	복음3	복음을 글로 기록한 마태	갈1:11~12, 막2:13~17
	5. 참된 복음과 거짓 복음(막16:15~16)	복음4	과격한 혁명가였던 시몬	고전9:14~17, 갈1:7~8
	6. 바리새인과 세리의 기도 (눅18:10~14)	복음과 율법과 의관계	작지만 작지않은 제자 야고보	갈3:23~27, 눅18:10~14
	7. 복음을 전하는 것이 전도다!(요4:28~30)	전도1	사랑스러운 제자 다대오	골1:23~25, 요14:22~23
	8. 세상에서 가장 중요한 일 (요21:15~18)	전도2	예수님을배반한제자가룟유다	행1:8, 마28:18~20
	9. 내 친구를 교회로 데려오자 (요1:45~46)	전도3	예수님의 수제자 베드로	요3:16, 눅19:10
	10. 전도자 빌립의 전도 (행8:26~40)	전도4	첫번째 순교의 열매 야고보	막16:17~18, 막10:35~38
	11. 전도하는 것은 부끄러운 일이 아니야! (롬1:16)	전도5	사랑의 메신저로 변화된 요한	골4:3, 롬1:16, 요4:39 막5:19
	12. 친구야, 기쁜소식을 전하고 싶어(롬10:9~10)	전도6	의심 많았던 제자 도마	롬10:9~10, 요20:27~29

리더과정 2권 (양육+리더) 난 내교회 리더가 될꺼야

단계	제목(주제말씀)	배울내용	리더의 조건
3 4단계 양육+리더	1. 믿음으로 자라자 (엡4:14~15)	양육	리더 리더십이란 무엇인가?
	2. 섬기는 자가되라 (요13:4~15)	섬김	예수님처럼 선한 목자가 되라
	3. 교회는 합력하는 공동체다(행18:1~5)	합력	그럼에도 불구하고 사랑하라
	4. 예수님을 본받으라~ (마28:18~20)	본받기	변화받은 예수님의 제자의 삶 살펴보기
	5. 내 교회를 사랑하자 (마16:13~18)	교회사랑1	초대교회 생활 살펴보기
	6.우리 교회 학생회를 사랑하자(마16:18)	교회사랑2	우리 교회 학생회 살펴보기
	7. 끊임없이 용서하라(몬1:1~25)	용서1	시험을 극복하라(예수님의 세가지 시험살펴보기)
	8. 요셉처럼 용서하라 (창45:1~8)	용서2	나를 부인하고 예수님을 따르라
	9. 여호수아처럼 순종의 사람이되라(수1:1~9)	순종	새롭게 바뀌어야 한다
	10. 히스기야 기도를 배우라 (왕하20:1~6)	기도	예수님의 좋은 일꾼이 되라
	11. 하나님이 주신 은사대로 일하라(행6:1~4)	은사	빛과 소금의 역할을 감당하라
	12. 적극적인 소명을 가지라(수14:6~14)	소명	하나님의 선한 청지기가 되라

성경・구약1 (천지창조~사사시대) 구약과 씨름하기1

단계	제목(주제말씀)	배울내용	배울 내용
구약1	1. 하나님은 정말 계신가요?	준비운동1	하나님의 계시된 말씀, 성경
	2. 성경은 우리에게 어떤 유익을 주나?	준비운동2	성경이 주는 유익, 성경의 핵심사항
	3. 성경 구성 파악하기	성경숲보기1	성경의 구성을 주제별로 분류
	4. 시대순으로 성경 살펴보기	성경숲보기2	성경을 시대순으로 이해하기
	5. 창세기의 핵심 파악하기	구약1	천지창조순서와과정이해,4가지사건과4명의중요인물이해
	6. 인간의타락과심판	구약2	인간의 죄와 하나님의 심판 이해하기
	7. 믿음의조상아브라함,순종의아들이삭	구약3	아브라함과 이삭의 성품 이해하기
	8. 고난을 이겨낸 승리의 사람, 야곱과 요셉	구약4	야곱과 요셉의 고난과정을 알고 성품 이해하기
	9. 출애굽의 리더, 모세	구약5	모세를 알고 출애굽사건 이해하기
	10. 광야생활과 십계명	구약6	출애굽과정, 십계명 내용 이해하기
	11. 여호수아처럼 뛰어라	구약7	여호수아를 알고 가나안 정복과정 이해하기
	12. 12명의 사사와 룻기서	구약8	주요사사들 알고 이해하기

성경・구약2 (통일왕국시대~포로・귀환시대) 구약과 씨름하기2

단계	제목(주제말씀)	배울내용	배울 내용
구약2	1. 킹메이커, '사무엘'	구약9	사사시대와 왕정시대 다리역할을 했던 사무엘
	2. 하나님보다 왕이 더 필용해?	구약10	이스라엘 초대왕 사울왕에 대해
	3. 제사보다 순종이 낫다	구약11	사울왕의 불순종과 타락의 원인 이해하기
	4. 불맷돌 하나로, 쌈장의 전설	구약12	다윗왕의 기름부음과 골리앗과 싸움에서 승리
	5. 간절히 회개한 다윗	구약13	범죄한다윗의간절한회개로용서받은사건을이해하기
	6. 하나님께 드린 통 큰 제사 '일천번제'	구약14	솔로몬이 일천번제와 기도응답 받은 사건 이해하기
	7. 찬란하고화려하도다	구약15	솔로몬시대의 화려한 시대상, 성전건축 이해
	8. 남유다, 북이스라엘로 나뉘다	구약16	이스라엘 분열의 원인 이해하기
	9. 총체적 교만과 불순종의 시대	구약17	분열왕국의 간략한 역사 이해하기
	10. 그래도, 하나님은 살아 역사하신다	구약18	분열왕국의 대선지자 엘리야와 엘리사 알기
	11. 멸망의 결정적 원인, 불순종	구약19	포로시대 전반적으로 이해하기
	12. 다시 희망을 품고 돌아오다	구약20	귀환시대 전반적으로 이해하기

성경 • 신약 (복음시대) 신약과 씨름하기1

단계	제목(주제말씀)	배울내용	배울 내용
신약 1	1. 구약의 예언대로 오신 메시야	신약1	신약의 시작 - 메시야 오심
	2. 한 예수님을 바라본 4명의 저자들	신약2	복음서 이해하기
	3. 예수님의 사역들	신약3	예수님의 생애
	4. 마태복음과 마가복음	신약4	복음서 살피기1
	5. 누가복음과 요한복음	신약5	복음서 살피기2
	6. 예수님 탄생과 유년시절	신약6	공생애 이전의 예수님1
	7. 세례 받음과 세가지 사단의 시험	신약7	공생애 이전의 예수님2
	8. 제자를 택하신 예수님	신약8	예수님의 공생애 사역1
	9. 예수님은 이렇게 가르치셨다	신약9	예수님의 공생애 사역2
	10. 예수님께서 행하신 놀라운 기적의사건들	신약10	예수님의 공생애 사역3
	11. 날 위해 십자가 지신 예수님	신약11	예수님의 공생애 사역4
	12. 승리의 대박 사건, 예수님의 부활	신약12	예수님의 공생애 사역5

성경 • 신약 (사도시대) 신약과 씨름하기2

단계	제목(주제말씀)	배울내용	배울 내용
신약 2	1. 내 증인이 되리라	신약13	예수님의 지상명령
	2. 성령이 임하시다	신약14	초대교회 성령의 역사
	3. 금과 은 나 없어도	신약15	사도들의 사역 : 베드로1
	4. 사도들의 치유 사건들	신약16	사도들의 사역 : 베드로2
	5. 이방인에게도 구원이	신약17	고넬료와 가족의 구원 받음 사건
	6. 내 영혼을 받아 주옵소서	신약18	최초의 순교자 스데반, 야고보
	7. 나는 죄인의 괴수였노라	신약19	사울의 회심
	8. 복음의 확장	신약20	사도 바울의 1차 전도 여행
	9. 주 예수를 믿으라	신약21	사도 바울의 2차 전도 여행
	10. 내가 달려갈 길과	신약22	사도 바울의 3차 전도 여행
	11. 담대하게 거침없이	신약23	사도 바울의 로마행
	12. 아멘, 주 예수여 오시옵소서	신약24	우리의 사명과 예수님의 재림

정신일 목사

정신일 목사는 오랫동안 청소년과 청년 사역을 통해 젊은이들과 호흡해 온 목회자이다. 하나님이 주신 아름다운 감성으로 대학시절 집필한 <메시아전쟁> 이라는 단편이 일간스포츠에서 주관한 대중문학상에 입상한 바가 있고, 대학 졸업 후에는 영화전문잡지 취재기자로, 기독교계통 신문의 칼럼리스트로 활동하기도 했다. 또한 대한예수교 장로회(대신) 여름성경학교 집필위원으로 3년간 교재를 집필하기도 했다.

현재는 크리스천리더출판사와 크리스천리더학교의 대표이며 기쁨의 교회 (joy1.co.kr)를 개척하여 즐겁게 목회하는 개척교회 목사이기도 하다.

안양대학교 기독교 교육학을 전공하였고, 동 대학원에서 목회학(M. Div.) 성경학(Th.M)을 전공했다.

주요저서: 「청소년공동체 바로세우기 시리즈」, 「여호수아처럼 뛰어라」, 「수험생 100일 큐티」, 「수능큐티」, 「복음큐티」, 「나를 위한 값진 십자가」, 「파워포인트와 그림 시청각설교 시리즈」 등 총 40여종의 저서가 있다.

[정신일 목사 주요 저서]

여호수아처럼 뛰어라

청소년공동체 바로세우기1

청소년공동체 바로세우기2

청소년공동체 바로세우기3

청소년공동체 바로세우기4

청소년공동체 바로세우기2-1

청소년공동체 바로세우기2-2

그참혹한 십자가

스토리텔링 파워포인트설교1

스토리텔링 파워포인트설교2

파워포인트와 그림시청각설교 시리즈 1~7

수험생 묵상기도

수능큐티

나를 위한 값진십자가

대학청년부예배 대표기도문